LE

VIEUX CÉLIBATAIRE,

COMÉDIE.

LE

IEUX CÉLIBATAIRE,

COMÉDIE

NQ ACTES ET EN VERS,

LE CITOYEN COLLIN-HARLEVILLE.

eprésentée, pour la première fois, à Paris, sur le Théâtre de la Nation, en 1792, vieux style.

Prix, 40 sols.

A PARIS,

hez MARADAN, Libraire, rue du Cimetière-Saint-André-des-Arts, n°. 9.

SECONDE ANNÉE DE LA RÉPUBLIQUE.

Je déclare que je poursuivrai devant les tribunaux tout entrepreneur de spectacle qui, au mépris de la propriété et des loix existantes, se permettra de faire représenter cette Comédie sans mon consentement formel et par écrit.

A Paris, ce 8 Pluviose, l'an second de la République françoise une et indivisible.

Collin Harleville

D'après le traité fait entre nous, COLLIN HARLEVILLE, auteur de la comédie intitulée *le Vieux Célibataire*, et MARADAN, libraire, nous déclarons que cet ouvrage est notre propriété commune, conformément aux clauses dont nous sommes convenus. Nous la plaçons sous la sauve-garde des loix et de la probité des citoyens; et nous poursuivrons devant les tribunaux tout contrefacteur et tout distributeur d'éditions contrefaites.

A Paris, ce 8 Pluviose, l'an second de la République françoise une et indivisible.

COLLIN-HARLEVILLE, MARADAN.

Comédies nouvelles qui se trouvent chez le même Libraire.

	l.	s.
Robert Chef de Brigands, comédie en cinq actes.	1	10
Catherine, ou *la Belle Fermière*, comédie en trois actes, par la citoyenne Candeille. . .	1	10
Les Visitandines, comédie en trois actes, mêlée d'ariettes.	1	
Abdelezis et Zuleima, tragédie en cinq actes, par le citoyen Murville.	1	10
L'Ami du Peuple, ou *les Intrigans démasqués*, comédie en trois actes.	1	10
Marat dans le Souterrain des Cordeliers, ou *la Journée du 10 Août*, fait historique en deux actes.	1	
Le Modéré, comédie en un acte et en vers, par le citoyen Dugazon.	1	5
Guillaume Tell, drame en trois actes, par le citoyen Sedaine.	1	

	l.	s.
La Veuve du Républicain, ou *le Calomniateur*, comédie en trois actes et en vers. . .	1	5
Le Siège de Thionville, drame lyrique en deux actes.		15
Othello, tragédie en cinq actes, par le citoyen Ducis.	2	

AVERTISSEMENT.

N a vu souvent des auteurs se plaindre, s une préface, d'un ami perfide qui a dé- çur manuscrit pour le livrer, malgré eux, pression : le public n'en fait jamais que , et rarement il a tort. Cette fois pourtant j'espère qu'il ne rira pas de ma plainte ; car elle n'est que trop sincère. Je crie tout de bon *au voleur*, et celui qui m'a joué un pareil tour, n'est assurément point mon ami : c'est un amateur qui, voyant que je ne faisois aucun usage de ma comédie du *Vieux Célibataire*, vient de s'en emparer, comme on punit un avare en forçant son coffre-fort ; et qui l'a imprimée lui-même, sans doute pour m'en épargner la peine. Je la prendrai pourtant cette peine, pour offrir au public une édition plus soignée et plus correcte de mon ouvrage, la véritable enfin ; car un contrefacteur (je pourrois me servir d'un autre terme) n'y regarde point de si près, et puis il n'a pas toutes ses aises. Par exemple, il n'a pu contrefaire cette préface qui n'existoit pas encore. C'est bien dommage ; ce sera pour une seconde édition (1). Au reste, sa copie fourmille de fautes qui ne seront point dans la mienne : c'est bien assez de celles que, comme auteur, j'ai laissées dans mon ouvrage.

C'est ici le lieu de dire un mot, non du fond de ma pièce que le public a jugée,

(1) On dira peut-être que je prends mon parti assez gaiement : je n'en suis pas moins révolté d'un brigandage aussi manifeste. La contrefaçon est déjà un délit assez punissable : comment donc qualifier l'impression qu'on fait, sans mission et sans titre, d'un ouvrage que l'auteur gardoit dans son porte-feuille ? Je crains même de trouver ici plus d'un coupable. Je n'ose remonter à la source ; et plutôt que de soupçonner acteurs ou directeurs (que j'engage pourtant à être plus soigneux à l'avenir), j'aime mieux n'accuser que moi-même de ma trop grande facilité à confier mon manuscrit. Au reste, cela ne justifie point le libraire qui l'a surpris, ni ceux qui pourroient le débiter ; et je me réserve d'en demander justice.

mais de deux autres qui l'avoient précédée, et avec lesquelles elle a quelques rapports.

Le *Vieux Garçon*, comédie du citoyen Dubuisson, ne m'a pas seulement fourni le sujet du *Vieux Célibataire*, mais encore plusieurs idées de détail. Les débats et gaspillages de l'intérieur, l'insolence des valets réunis tous un moment contre leur maître, ont échauffé ma verve, et je dois le personnage de *madame Evrard* à ce vers du *Vieux Garçon*, qui me frappa dans le temps :

> Et j'ai pensé vingt fois épouser ma servante !

Je me fais un vrai plaisir de rendre cet hommage à une comédie dont le but étoit profondément moral, et plusieurs intentions très-dramatiques, à qui il n'a peut-être manqué, pour être encore mieux sentie, que d'avoir une gouvernante jouée aussi supérieurement que la mienne.

Je ne parlerai point ici du *Célibataire* de Dorat, où cependant il y a un vieux Saint-

Geran très-bien prononcé. Je pourrois citer aussi le commandeur du *Père de Famille*, chez qui l'on trouve tout l'égoïsme et toute la mauvaise humeur du célibat, et sur-tout le *Géronte* du *Légataire universel*, qui a bien aussi ses collatéraux et sa gouvernante. Mais sans vouloir rappeller ici tous les *vieux garçons* qu'on a mis sur la scène, ce qui seroit un peu long, je me hâte de passer à la seconde pièce que j'ai annoncée, et dont, vu sa date, j'aurois dû entretenir d'abord le lecteur.

Cette vieille comédie, qui est d'Avisse, auteur peu connu et digne de l'être, a pour titre *la Gouvernante*. On y voit, comme dans mon *Vieux Célibataire*, un neveu déguisé en domestique, et une gouvernante rusée; ce qui a fait dire à un journaliste que j'avois beaucoup d'obligations à cet ouvrage. Le fait est que je ne le connoissois pas. Instruit par le journal même et du titre et de la date de cette ancienne pièce, je la cherchai et je la trouvai, non sans peine. Les premières scènes me firent trembler, je l'avoue, par l'air de ressemblance; mais je me rassurai bientôt, en voyant que le jeune homme est aposté par la gouvernante pour jouer le rôle de neveu, qu'elle-même n'est qu'une voleuse (1), et qu'au lieu d'être séduit par elle, c'est le bonhomme qui la presse de l'épouser. En un mot, je le répète, je ne connoissois pas la *Gouvernante* d'Avisse, quand je fis jouer mon *Vieux Célibataire*. On me croira, j'espère : quel intérêt aurois-je à nier une imitation qui ne seroit pas encore sans quelque mérite? Ce dont il faudroit rougir, ce seroit de faire un mensonge. La première qualité de l'orateur, selon Cicéron, la *probité*, doit être aussi celle d'un homme de lettres.

Il y a long-temps que je n'avois rien offert

---

(1) C'est le mot propre; car le vol d'un porte-feuille dont la gouvernante est convaincue, forme le dénouement de la pièce.

au lecteur; je ne suis pourtant pas demeuré oisif. J'ai laissé passer devant moi les plus pressés; mais j'espère mêler bientôt ma voix à celle des écrivains patriotes : car c'est être véritablement patriote que de prêcher la morale; et en ce sens, je crois l'avoir été dès avant la Révolution. Cette Révolution va donner à nos accens plus de ton, à nos pensées plus d'énergie, et plus de développement à nos moyens : mais j'aime à croire que la décence et le goût auront toujours leur prix, et qu'avec des intentions droites et franches, un style pur et un but constamment moral, les auteurs dramatiques mériteront bien de la Patrie, et serviront aussi une République qui se fonde sur le patriotisme ardent, mais ne se soutient que par les mœurs et la vertu.

PERSONNAGES.

M. DUBRIAGE, le vieux Célibataire.

Madame EVRARD, la Gouvernante.

ARMAND, neveu de M. Dubriage, sous le nom de Charle.

LAURE, femme d'Armand.

AMBROISE, factotum de M. Dubriage.

GEORGE, filleul et portier de M. Dubriage.

JULIEN et SUSON, petits-enfans de George.

Cinq COUSINS de M. Dubriage.

La Scène est à Paris, dans la maison de M. Dubriage.

LE

LE VIEUX CÉLIBATAIRE, COMÉDIE.

ACTE PREMIER.

SCÈNE PREMIÈRE.

CHARLE *seul.*

Je viens de l'éveiller ; il va bientôt paroître.
Allons..... il m'est si doux de servir un tel maître !...
Rangeons tout comme hier ; il faut placer ici
Sa table, son fauteuil, son livre favori.
Il aime l'ordre en tout ; et, certain de lui plaire,
Je me fais de ces riens une importante affaire.

SCÈNE II.

CHARLE, GEORGE.

GEORGE.

Ah ! l'on peut donc enfin vous saisir un moment,
Monsieur Armand.

CHARLE.

Toujours tu me nommes Armand,
Et tu me trahiras.

GEORGE.

Pardon, je vous supplie.

CHARLE.

Charle est mon nom.

GEORGE.

Eh! oui, je le sais, mais j'oublie.
Je m'en ressouviendrai; ne soyez plus fâché.
Pendant que tout le monde est encore couché,
Causons: Dites-moi donc bien vite où vous en êtes,
Ce que vous devenez, les progrès que vous faites:
Votre sort en dépend; j'y suis intéressé.

CHARLE.

Eh mais! je ne suis pas encor très-avancé.
Il faut qu'avec prudence ici je me conduise....
Puis j'attends qu'en ces lieux ma femme s'introduise,
Pour agir de concert.

GEORGE.

Oui, vous avez raison;
Mais vous voilà du moins entré dans la maison.

CHARLE.

Ah! comment! à quel titre, et combien il m'en coûte!
Moi, domestique ici!

GEORGE.

C'est un malheur sans doute;
Mais pour servir son oncle, est-on déshonoré?
Je le répète encor, c'est beaucoup d'être entré,

Et j'eus, lorsque j'y songe, une idée excellente;
Ce fut de vous offrir à notre gouvernante
Comme un parent....

CHARLE.

Jamais pourrai-je m'acquitter?

GEORGE.

i donc! ce que j'en dis n'est pas pour me vanter,
e ne me prévaux point; mais je vous félicite.
C'est moi qui bien plutôt ne serai jamais quitte.
Votre bon père, hélas! dont j'étois serviteur,
A pendant dix-huit ans été mon bienfaiteur.
Oui, cher Armand... pardon... mais je vous ai vu naitre;
J'ai vu mourir aussi ma maîtresse et mon maître:
Jugez si George doit aimer, servir leur fils!

CHARLE.

Pourquoi le ciel si-tôt me les a-t-il ravis?
Ah! pour m'être engagé par pure étourderie.....

GEORGE.

Eh, Monsieur, laissez-là le passé, je vous prie:
Oui, voyez le présent, et sur-tout l'avenir.
N'est-il pas fort heureux, il faut en convenir,
Que je sois le filleul de monsieur Dubriage;
Qu'après deux ou trois mois tout au plus de veuvage,
La gouvernante m'ait, j'ignore encor pourquoi,
Fait venir tout exprès pour être portier, moi,
De sorte que je pusse ici vous être utile,
Et que, depuis trois mois venu dans cette ville,
Vous me l'ayez fait dire, au lieu de vous montrer:
Que j'aie imaginé, moi, de vous faire entrer,
Et que madame Evrard, si subtile et si fine,
Vous ait reçu d'abord sur votre bonne mine?

CHARLE.

Il est vrai....

GEORGE.

C'est votre air de décence, et sur-tout
De jeunesse.... que sais-je...? Oui, la dame a du goût.

CHARLE.

Souvent, et j'apprécie une faveur pareille,
On diroit qu'elle veut me parler à l'oreille.

GEORGE.

Ne voudroit-elle pas vous faire par hasard
Un tendre aveu?... Mais non, j'ai tort; madame Evrard...
Elle est d'une sagesse, oh mais! à toute épreuve.
Cet Ambroise, entre nous, qui, depuis qu'elle est veuve,
Remplace le défunt dans l'emploi d'Intendant,
L'aime fort, et voudroit l'épouser: cependant
Avec lui, je le vois, elle est d'une réserve...!

CHARLE.

Je l'observe en effet.

GEORGE.

A propos, moi, j'observe
Qu'Ambroise vous hait fort.

CHRRLE.

Rien n'est moins surprenant;
Avec mon oncle même il est impertinent:
Puis il craint, entre nous, que je ne le supplante.

GEORGE.

Ecoutez donc, Monsieur! sa place est excellente,
Et vraiment mon parrain vous aime tout-à-fait,
Sans vous connoître encor.

CHARLE.

Je le crois en effet,
George, et c'est un grand point : oui, ce seul avantage
Me flatte beaucoup plus que tout son héritage.
Pourvu que je lui plaise, il m'importe fort peu
Que ce soit le valet, que ce soit le neveu :
Si je ne touche un oncle, au moins j'égaie un maître.

GEORGE.

A de tels sentimens j'aime à vous reconnoître.

CHARLE.

Au fait, depuis trois mois que j'habite en ces lieux,
D'abord, sous un faux nom, j'ai trouvé grace aux yeux
D'un oncle qui me hait sous mon nom véritable.
Ajoute que j'ai su rendre douce et traitable
Madame Evrard, qui, grace à mon déguisement,
Semble sourire à Charle, en détestant Armand.
Voilà trois mois fort bien employés.

GEORGE.

Oui, courage ;
Madame votre épouse achevera l'ouvrage.

SCENE III.

CHARLE, GEORGE, le petit JULIEN (1).

GEORGE.

Eh, que veux-tu, Julien ?

(1) Ces chiffres annoncent la position des acteurs, et leurs noms sont placés dans l'ordre où eux-mêmes sont sur la scène.

JULIEN, *regardant autour de lui.*

Moi, papa?

GEORGE.

Qu'as-tu là?

JULIEN, *remettant une lettre.*

C'est mon cousin Pascal qui m'a remis cela,
Sans me rien dire, et puis d'une vitesse extrême,
Crac, il s'est en allé : moi, je m'en vais de même....
Car si monsieur Ambroise arrivoit.... ah! bon dieu...!
Au revoir, monsieur Charle.

CHARLE, *affectueusement.*

Oui, Julien.... sans adieu.

(*Julien sort.*)

SCÈNE IV.

CHARLE, GEORGE.

CHARLE.

Il est gentil!... Eh bien, quelle est donc cette lettre?

GEORGE.

(*Ouvrant la lettre.*)

Je me doute que c'est.... Vous voulez bien permettre...?

CHARLE.

Eh! lis.

GEORGE.

C'est le billet que j'attendois.

CHARLE.

Lequel?

GEORGE.

Oui, le certificat de ce Maître-d'Hôtel,
Du vieux ami d'Ambroise.

CHARLE.

Ah! de monsieur Lagrange.
Eh bien?

GEORGE.

Eh bien, Monsieur, grace au ciel, tout s'arrange,
Comme vous allez voir.

(*Il donne la lettre à Charle.*)

CHARLE, *lisant.*

« Mon cher Ambroise » ... Eh quoi?...

GEORGE.

La lettre est pour Ambroise, et vous verrez pourquoi.

CHARLE, *continuant de lire.*

« J'ai su que vous cherchiez une jeune servante
» Qui tînt lieu de second à votre gouvernante.
» J'ai trouvé votre affaire, un excellent sujet;
» C'est celle qui vous doit remettre ce billet:
» Vous en serez content; elle est bien née, et sage,
» Et docile: peut-être à son apprentissage....
» Mais sous madame Evrard elle se formera;
» Je vous la garantis, mon cher »..... *Et cætera.*

GEORGE.

Sous l'habit de servante, il fait entrer la nièce.

CHARLE.

Voilà, mon ami George, une excellente pièce.

GEORGE.

Vous pensez bien qu'avec un pareil passeport,
Madame votre épouse est admise d'abord.

CHARLE.

Oui, j'ose l'espérer. Tu me combles de joie.
Pour l'aimer, il suffit que mon oncle la voie,
Qu'il l'entende un moment. Tu ne la connois pas?

GEORGE.

Si fait.

CHARLE.

Eh, oui, tu sais qu'elle a quelques appas;
Mais tu ne connois point cet esprit, cette grace
Qui m'ont d'abord touché. Je la vis en Alsace,
A Colmar. J'y servois; car je n'ai jamais pu
Achever un récit souvent interrompu.
J'avois eu le bonheur d'être utile à son père:
Cela seul me rendit agréable à la mère.
Sans savoir qui j'étois, on m'estimoit déjà;
Je me nommai; le père alors me dégagea,
Me fit son gendre. Eh bien, j'ai toujours chez ma femme
Trouvé même douceur et même bonté d'ame!
Je regrettois mon oncle. Elle me suit d'abord.
Ici, comme à Colmar, elle bénit son sort.
Que lui faut-il de plus? elle travaille et m'aime.
Si mon oncle la voit, il l'aimera lui-même;
J'oserois en répondre. Encor quelques instans,
Et nos maux sont finis. Je me tais et j'attends.

GEORGE.

Je fais la même chose aussi; je dissimule.
Dans le commencement je m'en faisois scrupule;

Mais, en fermant les yeux, je vous ai mieux servi.
J'ai donc feint d'ignorer que chacun à l'envi
Dans la maison voloit, pilloit à sa manière :
Sans parler des envois de notre cuisinière,
Qui ne fait que glaner, madame Evrard tout bas
Moissonne, et chaque jour amasse argent, contrats.
Ambroise est possesseur d'une maison fort grande,
Achetée aux dépens de qui ? je le demande :
Chaque jour il y met un nouveau meuble ; aussi
Je vois que chaque jour il en manque un ici :
De façon que bientôt, si cela continue,
L'une sera garnie et l'autre toute nue.

CHARLE.

Je leur pardonnerois tout cela de bon cœur,
S'ils avoient de mon oncle au moins fait le bonheur ;
Mais ce qui me désole, est de voir que les traitres
Le volent, et chez lui font encor les maitres !
Pauvre oncle ! il sent son mal, et je vois à regret
Que, s'il n'ose se plaindre, il gémit en secret.

SCÈNE V.

3 2
CHARLE, GEORGE, Mad. EVRARD.

GEORGE, *bas à Charle.*

Voici madame Évrard : oh ! comme à votre vue
Elle se radoucit !

CHARLE, *bas.*

Paix donc !

CHARLE.

Je vous salue,
Madame.

GEORGE, *avec force révérences.*

J'ai l'honneur....

Mad. EVRARD, *à Charle.*

Ah! bonjour, mon ami.
(*A George.*)
Que fais-tu là?

GEORGE.

Pendant qu'on étoit endormi,
Nous causions.

Mad. EVRARD.

Va causer en bas.

GEORGE.

C'est moi qu'on blâme;
Et c'est lui qui toujours me parle de Madame.

Mad. EVRARD.

De moi? que disoit-il?

GEORGE.

Que vous embellissiez,
Qu'il sembloit chaque jour que vous rajeunissiez.

Mad. EVRARD.

Oui! Charle dit toujours des choses délicates;
Mais il est trop galant, ou c'est toi qui me flattes:
Descends, et garde bien ta porte.

GEORGE.

Oh, dieu merci,
L'on sait un peu....

Mad. EVRARD.

Ne laisse entrer personne ici,
Sans m'avertir.

GEORGE.

Non, non.

Mad. EVRARD.

Sur-tout pas une lettre,
Qu'à moi seule d'abord tu ne viennes remettre.

GEORGE.

Oh, non ! je ne crois pas qu'on écrive à présent.

Mad. EVRARD.

Il n'importe. Va donc.

(George sort.)

SCÈNE VI.

Mad. EVRARD, CHARLE.

Mad. EVRARD, *à part, pendant que Charle range dans la chambre.*

George est un bon enfant ;
Mais sur de telles gens, quel fonds pourroit-on faire ?
Pour Ambroise, sa marche à la mienne est contraire ;
Et c'est le dernier homme à qui je me fierois....
Si j'intéressois Charle à mes desseins secrets ?
Il me plait ; Monsieur l'aime ; il a de la prudence,
De l'esprit : mettons-le dans notre confidence ...

(haut.)

Comment vous trouvez-vous ici ?

CHARLE.

Fort bien, ma foi,
Et je serois tenté de me croire chez moi.

Mad. EVRARD.

Allez, soyez toujours honnête et raisonnable :
Cette maison pour vous sera très-agréable ;
Monsieur semble déjà vous voir d'assez bon œil.

CHARLE.

C'est à vous que je dois ce favorable accueil.

Mad. EVRARD.

Je possède, il est vrai, toute sa confiance.

CHARLE.

C'est le fruit du talent et de l'expérience,
Madame.

Mad. EVRARD.

Ce fruit-là, je l'ai bien acheté :
Hélas! si vous saviez ce qu'il m'en a coûté,
Depuis dix ans entiers que j'habite ici!
(*Se recueillant un moment, et regardant autour d'elle.*)
Charle,
Il faut à cœur ouvert enfin que je vous parle ;
Car vous m'intéressez : vous êtes doux, prudent,
Discret ; et, comme on a besoin d'un confident
Qui vous ouvre son cœur, et lise au fond du vôtre ;
Et que vous n'êtes point un laquais comme un autre.

CHARLE.

Non : j'espère qu'un jour vous le reconnoîtrez.

Mad. EVRARD.

Ecoutez donc, mon cher ; et bientôt vous verrez

Tout ce qu'il m'a fallu de courage et d'adresse,
Pour être en ce logis souveraine maîtresse.
Nous avons fait tous deux jouer plus de ressorts,
Mon pauvre Evrard et moi !... (car il vivoit alors ;
Depuis bientôt deux ans, cher Monsieur, je suis veuve,
(*essuyant ses yeux.*)
Et c'est avoir passé par une rude épreuve !...)
Nous avons de concert banni tous les voisins,
Les amis, les parens, jusqu'aux derniers cousins.

CHARLE.

A la fin, vous voici maîtresse de la place.

Mad. EVRARD.

Reste encore un neveu, mais un neveu tenace...

CHARLE.

Monsieur, comme je vois, n'a point d'enfans

Mad. EVRARD.

Aucun.

CHARLE.

Il a donc des neveux, Madame ?

Mad. EVRARD.

Il n'en a qu'un ;
Mais ce neveu tout seul me donne plus de peine !...
C'est que je vois de loin où tout ceci nous mène.
S'il rentre, c'est à moi de sortir.

CHARLE.

En effet.

Mad. EVRARD.

Aussi, pour l'écarter, dieu sait ce que j'ai fait !
Mon intrigue et mes soins remontent jusqu'au père.

Monsieur n'eut qu'un beau-frère : il l'aimoit !...

CHARLE.

Comme un frère.

Mad. EVRARD.

Aigrir Monsieur, c'étoit un projet trop hardi ;
Mais pour le frère au moins, je l'ai bien refroidi.

CHARLE.

J'entends.

Mad. EVRARD.

Contre un absent on a tant d'avantage !
Le sort à celui-ci ravit son héritage.
Je traitai ses revers d'inconduite : on me crut.

CHARLE.

Ah ! fort bien.

Mad. EVRARD.

Jeune encor, grace au ciel, il mourut.

CHARLE *à part.*

Hélas !

Mad. EVRARD.

Qu'avez-vous ?

CHARLE.

Rien.

Mad. EVRARD.

Laissant un fils unique,
Ce neveu que je crains.

CHARLE.

Que vous ?... Terreur panique !
C'est à lui de vous craindre.

Mad. EVRARD.

Oui, peut-être aujourd'hui:
Mais l'oncle alors, sans moi, l'eût rapproché de lui.
« Son entretien sera moins coûteux en province »,
Lui dis-je: « chargez-m'en ». L'entretien fut très-mince,
Comme vous pouvez croire. Il se découragea;
Il jetta les hauts cris; enfin il s'engagea.
C'est où je l'attendois. Je sus avec finesse
Exagérer ce tort, ce vrai tour de jeunesse;
Et Monsieur l'excusoit encore.

CHARLE.

Il est si bon!

Mad. EVRARD.

Mon jeune homme écrivit pour demander pardon,
Je supprimai la lettre; et vingt autres messages...
J'en ai mon coffre plein.

CHARLE.

Précautions fort sages!

Mad. EVRARD.

J'en ai lu deux ou trois, mais exprès, entre nous;
Avec un commentaire.

CHARLE.

Oh, je m'en fie à vous!

Mad. EVRARD.

Il se perdit lui-même.

CHARLE.

Eh, comment, je vous prie?

Mad. EVRARD.

Par inclination enfin il se marie,

L'an dernier, à l'insu de son oncle.

CHARLE.

A l'insu !

Il n'avoit point écrit ?

Mad. EVRARD.

Monsieur n'en a rien vu.

Moi, j'ai peint tout cela d'une couleur affreuse,
Et la femme, entre nous, comme une malheureuse,
Sans état, sans aveu. L'oncle enfin éclata,
Et l'indignation à son comble monta;
De malédictions il chargea le jeune homme,
Et même il ne veut plus désormais qu'on le nomme.

CHARLE.

Tout cela me paroît on ne peut mieux conduit.
Ainsi de vos travaux vous recueillez le prix?

Mad. EVRARD.

(*regardant encore si personne n'écoute.*)

Pas tout-à-fait. Je vais vous confier encore
Un secret délicat, qu'Ambroise même ignore.
Le dessein est hardi, j'ose me proposer,
Pour tenir mieux mon maître...

CHARLE.

Eh bien?

Mad. EVRARD.

De l'épouser.

CHARLE.

D'épouser !... En effet, j'admire la hardiesse...

Mad. EVRARD.

Jusques-là, je craindrai le neveu, quelque nièce...

CHARLE.

CHARLE.

J'entends. Vous avez donc un peu d'espo

Mad. EVRARD.

Un peu.
Depuis un an, je cache adroitement mon jeu.
D'abord, parler d'hymen à qui ne voit personne,
C'est assez me nommer.

CHARLE.

La conséquence est bonne.

Mad. EVRARD.

Je lui fais de l'hymen des portraits enchanteurs;
Je lis, comme au hazard, des endroits séducteurs;
Là, je fais une pause, afin qu'il les savoure.

CHARLE.

A merveille!

Mad. EVRARD.

D'enfans à dessein je l'entoure.
J'ai fait venir exprès son filleul, le portier.
Pour lui cette maison étant le monde entier,
De ces joyeux époux les touchantes tendresses,
Les jeux de leurs enfans, leurs naïves caresses;
Tout cela, par degrés, l' ttache, l'attendrit,
Pénètre dans son cœur, ébranle son esprit:
Et, quand il est tout seul, ces images chéries
Lui doivent inspirer de tendres rêveries.
J'en suis là, mon ami.

CHARLE.

Mais c'est déjà beaucoup.

Mad. EVRARD.

Ce n'est pas tout. Il faut frapper le dernier coup.

Charle, seul avec vous, quand Monsieur s'ouvre, cause;
S'il soupire et paroît regretter quelque chose,
Alors insinuez qu'il est bien isolé,
Que par une compagne il seroit consolé;
Peignez-moi, j'y consens, sous des couleurs riantes;
Dites que j'ai des traits, des façons attrayantes,
Du maintien, de l'esprit, des talens variés,
Que je suis fraîche encore... enfin vous me voyez.
Dites, si vous voulez, que j'ai l'air d'une dame;
Qu'en entrant, de Monsieur vous me crûtes la femme...

CHARLE.

Oui, Madame.

Mad. EVRARD.

En un mot, vous avez de l'esprit,
Et je compte sur vous.

CHARLE.

Oui, Madame; il suffit.

Mad. EVRARD.

Vous m'entendez donc bien?

CHARLE.

Rassurez-vous, de grace;
Je dirai... ce qu'enfin vous diriez à ma place.

Mad. EVRARD.

Je ne suis point ingrate, au reste; et soyez sûr
Qu'un salaire....

CHARLE.

Croyez qu'un motif bien plus pur...

Mad. EVRARD.

Paix!... j'apperçois Monsieur.

SCÈNE VII.

1 3 2
M. DUBRIAGE, Mad. EVRARD, CHARLE.

M. DUBRIAGE.

C'EST vous? bonjour, Madame!

Mad. EVRARD, *très-tendrement.*

Monsieur, je vous salue, et de toute mon ame.

CHARLE.

Votre humble serviteur.

M. DUBRIAGE.

Vous voilà, mon ami?

Mad. EVRARD.

Vous paroissez rêveur... Auriez-vous mal dormi?

M. DUBRIAGE.

Moi? très-bien.

Mad. EVRARD.

Je ne sais... mais je suis clairvoyante.
Et vous aviez hier la mine plus riante.

M. DUBRIAGE.

Croyez-vous? Cependant j'ai toujours ri fort peu.

Mad. EVRARD.

Je m'en vais parier que c'est votre neveu
Qui cause en ce moment votre sombre tristesse;
Avouez-le.

M. DUBRIAGE.

Il est vrai qu'il m'occupe sans cesse;
Et même cette nuit, mes amis, j'y songeois.

Mad. EVRARD.

Il vous aura donné quelques nouveaux sujets ?...

M. DUBRIAGE.

Non.

Mad. EVRARD.

Pourquoi, dans ce cas, y songez-vous encore?
Depuis plus de huit ans, l'ingrat vous déshonore :
Oubliez-le, Monsieur ; sachez vous égayer.

M. DUBRIAGE.

Ah ! je puis le haïr, mais jamais l'oublier.

Mad. EVRARD.

Laissez, encore un coup, ces plaintes éternelles.
Ne voyez plus que nous, vos serviteurs fidèles :
Ambroise, Charle et moi, dévoués et soumis,
Vous tiendront lieu tous trois de parens et d'amis.
(*prenant la main de M. Dubriage*).
Mais de tous mes emplois il faut que je m'acquitte :
C'est pour songer encore à vous que je vous quitte.

M. DUBRIAGE.

Fort bien !

Mad. EVRARD.

Charle vous reste : il saura converser.

CHARLE.

Heureux, si je pouvois jamais vous remplacer !

Mad. EVRARD *bas à Charle.*

Songez à notre plan.

CHARLE, *bas à madame Evrard.*

Oui, j'y songe, Madame.
(*Madame Evrard sort*).

SCÈNE VIII.

M. DUBRIAGE, CHARLE.

M. DUBRIAGE.

Cette madame Evrard est une digne femme;
Elle a bien soin de moi.

CHARLE.

Monsieur... certainement...
Mais qui n'auroit pour vous le même empressement?

M. DUBRIAGE.

Oh! je ne suis pas moins content de ton service,
Charle.

CHARLE.

Monsieur, je suis peut-être un peu novice?

M. DUBRIAGE.

Non.

CHARLE.

Le desir de plaire est si propre à former!
Et l'on sert toujours bien ceux que l'on sait aimer.

M. DUBRIAGE.

Chaque mot que tu dis, me touche, m'intéresse.

CHARLE.

Puissai-je quelque jour gagner votre tendresse!

M. DUBRIAGE.

Elle t'est bien acquise; oui... je ne sais pourquoi
J'ai vraiment du plaisir à causer avec toi:
Ce n'est qu'avec toi seul que je suis à mon aise.

CHARLE.

Heureux qu'en moi, Monsieur, quelque chose vous plaise!

M. DUBRIAGE.

Mon cœur est plein; il a besoin de s'épancher.
Autour de moi j'ai beau jetter les yeux, chercher,
Je n'ai pas un ami dans toute la nature,
Pour verser dans son sein les peines que j'endure.

CHARLE.

Les peines!... quoi, Monsieur! vous en auriez?

M. DUBRIAGE.

Hélas!
Je te parois heureux, et je ne le suis pas.

CHARLE.

Cependant...

M. DUBRIAGE.

Tu le vois, je suis seul sur la terre,
Triste...

CHARLE.

Seul, dites-vous?

M. DUBRIAGE.

Oui, je suis solitaire.
Ah! pourquoi, jeune encore, au moins dans l'âge mûr,
Ne faisois-je pas choix d'une femme!

CHARLE.

Il est sûr
Que, pour se préparer une heureuse vieillesse,
Il faut à ces doux nœuds consacrer sa jeunesse.

M. DUBRIAGE.

Je le vois à présent. Je voudrois... vœux tardifs!

CHARLE.

(*à part*). (*haut*).
Hélas!... Vous eûtes donc, Monsieur, quelques motifs
Pour vous soustraire au joug de l'hymen?

M. DUBRIAGE.

Oui, sans doute.

J'en eûs que je croyois très-solides. Ecoute :
J'avois dans mon commerce un jeune associé,
Par inclination il s'étoit marié ;
Sa femme fit dix ans le tourment de sa vie.
Ce tableau, vu de près, me donnoit peu d'envie
D'en faire autant.

CHARLE.

Sans doute, il pouvoit faire peur.

M. DUBRIAGE.

Quand j'aurois eu l'espoir de faire un choix meilleur,
Sous les yeux d'un ami, cette union heureuse
Auroit rendu la sienne encore plus affreuse.
Il mourut. D'un commerce entre nous partagé,
Chargé seul, à l'hymen dès-lors j'ai peu songé :
Je quittai le commerce.

CHARLE.

Enfin vous étiez maître,
Libre...

M. DUBRIAGE.

En me mariant, j'aurois cessé de l'être.
L'hymen est un lien.

CHARLE.

Soit. Convenez aussi
Qu'il est doux quelquefois d'être liés ainsi !
Monsieur !... pour se soustraire à cette servitude
Souvent on en rencontre encore une plus rude.

M. DUBRIAGE.

Puis, sur un autre point j'eus l'esprit combattu.
Les femmes, (sans parler ici de leur vertu,
J'aime à croire qu'à tort souvent on les décrie) ;

Mais conviens qu'elles sont d'une coquetterie,
D'un luxe !... Telle femme est charmante, entre nous,
Dont on seroit fâché de devenir l'époux ;
Tel mari semble heureux qui dans le fond de l'ame,
Gémit...

CHARLE.

Mais, en revanche, il est plus d'une femme
Modeste en ses desirs et simple dans ses goûts,
Qui met tout son bonheur à plaire à son époux.

M. DUBRIAGE.

Il en est, mais bien peu.

CHARLE.

Plus qu'on ne croit peut-être ;
Moi qui vous parle, j'ai le bonheur d'en connoître.

M. DUBRIAGE.

En général, mon cher, j'ai craint les embarras,
Les tracas, les soucis...

CHARLE.

Mais où n'en a-t-on pas?
Une famille au moins qui vous plait, qui vous aime,
Vous fait presque chérir cet embarras-là même :
Au lieu qu'un alentour mercenaire, étranger,
Vous embarrasse aussi, sans vous dédommager ;
On a l'ennui de plus.

M. DUBRIAGE.

Voilà ce que j'éprouve ;
Et c'est précisément l'état où je me trouve :
Et, tiens, mes gens me sont fort attachés, je croi ;
Mais je les vois tous prendre un ascendant sur moi.

CHARLE.

En effet...

M. DUBRIAGE.

Jusqu'au vif, vois-tu, cela me blesse,
Et par fois je voudrois, honteux de ma foiblesse,
Secouer un tel joug. A cet Ambroise j'ai,
Oui, j'ai cinq ou six fois déjà donné congé:
Je le reprends toujours; car, s'il a l'humeur vive,
Il est brave homme au fond. Par fois même il arrive
D'avoir des démêlés avec madame Evrard,
De lui faire sentir enfin que tôt ou tard
Elle pourroit... Mais quoi, j'ai si peu de courage!
Elle baisse d'un ton, laisse passer l'orage,
Et bientôt me gouverne encor plus sûrement.

CHARLE.

Je sens cela.

M. DUBRIAGE.

Mets-toi dans ma place un moment.
Un garçon, un vieillard isolé dans le monde...
Car tu ne connois pas ma retraite profonde...
Je n'avois qu'un neveu qui m'eût pu consoler
Dans mes maux... et c'est lui qui vient les redoubler!

CHARLE.

Ce neveu... pardonnez... il est donc bien coupable?

M. DUBRIAGE.

Ah! coupable.... il n'est rien dont il ne soit capable.
Si tu savois!... Mais non, laissons ce malheureux.

CHARLE.

Ah! s'il vous a déplu, son sort doit être affreux.

M. DUBRIAGE.

Il rit de mes chagrins.

CHARLE.

Il riroit de vos peines?

Il se feroit un jeu de prolonger les siennes ?
Ce jeune homme à ce point n'est pas dénaturé :
J'en puis juger par moi, dont le cœur est navré....

M. DUBRIAGE.

C'est que vous êtes bon, vous, délicat, sensible ;
Mais Armand n'a point d'ame.

CHARLE.

O ciel ! est-il possible !
Mais cet Armand, Monsieur, le connoissez-vous bien ?

M. DUBRIAGE.

Trop par ses actions. D'abord, comme un vaurien,
Il s'engage.

CHARLE.

Il eut tort ; mais ce n'est pas un crime
Qui le doive à jamais priver de votre estime.

M. DUBRIAGE.

Et dans sa garnison, comment s'est-il conduit ?

CHARLE.

En êtes-vous certain ?

M. DUBRIAGE.

Je suis trop bien instruit ;
Et ses lettres.....

CHARLE.

Eh bien ?

M. DUBRIAGE.

Etoient d'une insolence !...
Il m'écrivoit un jour, j'en frémis quand j'y pense,
Qu'il viendroit, qu'il mettroit le feu dans la maison.

CHARLE.

Ah, mon dieu ! quelle horreur et quelle trahison !

M. DUBRIAGE.

Toi-même es indigné...

CHARLE, *faisant un effort pour se contenir.*

Voulez-vous bien permettre,
Monsieur... avez-vous lu vous-même cette lettre ?

M. DUBRIAGE.

Non. C'est madame Evrard : encore par pitié,
Elle me faisoit grace au moins de la moitié.
Puis, sans parler du reste, un mariage infame...

CHARLE.

(*Se reprenant, et à part*).
Infame, dites-vous ? Laissons venir ma femme.
(*haut*).
Ah ! si l'on vous trompoit....

M. DUBRIAGE.

Et qui donc ?

CHARLE.

Je ne sais. .
Mais quoi ! je ne puis croire à de pareils excès :
Non, Armand...

M. DUBRIAGE.

Paix. Jamais ne m'en ouvrez la bouche,
(*Se radoucissant*).
Entendez-vous ? Au fond, ton zèle ardent me touche,
Mon ami, je l'avoue ; il annonce un bon cœur,
On ne sauroit plaider avec plus de chaleur.

CHARLE *vivement.*

Croyez qu'en ce moment je donnerois ma place
Pour voir votre neveu, Monsieur, rentrer en grace.

M. DUBRIAGE.

Bon, Charle!

CHARLE.

Permettez que je sorte un moment
Pour une affaire.

M. DUBRIAGE.

Oui, sors; mais reviens promptement.
(*Monsieur Dubriage rentre chez lui*).

SCÈNE IX.

CHARLE *seul.*

ALLONS chercher ma femme: il est tems, l'heure presse;
Et plutôt que plus tard, il faut qu'elle paroisse.
(*Il sort*).

FIN DU PREMIER ACTE.

ACTE II.

SCÈNE PREMIÈRE.

M. DUBRIAGE *seul, un livre à la main.*

Que ce mot est bien dit! consolant écrivain,
D'adoucir mes ennuis tu t'efforces en vain.
On commence à jouir, dis-tu, dès qu'on espère:
Je jouirois aussi déjà, si j'étois père;
Mais pour un vieux garçon il n'est point d'avenir.
 (*Fermant le livre.*)
Rien ne m'amuse plus. Il faut en convenir,
Je ne me suis jamais amusé de ma vie;
Mais aujourd'hui sur-tout je sens que je m'ennuie;
C'est qu'il est des momens où je me trouve seul,
Et porterois, je crois, envie à mon filleul.
Cette réflexion est un peu trop tardive.
Dans l'état où je suis il faut bien que je vive.....
Ils m'abandonnent tous... je ne sais ce qu'ils font...
 (*Appellant.*)
Madame Evrard!... Ambroise!... Aucun d'eux ne répond.
Pour Charle, il est sorti sûrement pour affaires:
 (*Il s'assied.*)
Je ne saurois me plaindre, il ne me quitte guères.

SCÈNE II.

M. DUBRIAGE, GEORGE.

GEORGE, *de loin, à part.*

Ils sont sortis, entrons.

M. DUBRIAGE, *se croyant seul encore.*

Oui, j'ai moins de chagrin.
Quand Charle est avec moi, nous causons.

GEORGE, *toujours de loin et à part.*

Bon parrein!
Il parle, et n'a personne, hélas! qui lui réponde:
Approchons.

M. DUBRIAGE.

C'est toi, George! Où donc est tout le monde?

GEORGE.

Tout le monde est dehors.

M. DUBRIAGE.

Madame Evrard aussi?

GEORGE.

(*à part.*)
Elle aussi: chacun a ses affaires ici.
(*haut.*)
Et moi de leur absence, entre nous, je profite,

Pour vous faire, Monsieur, ma petite visite :
Je ne vous ai point vu depuis hier au soir.

M. DUBRIAGE.

Moi j'ai, de mon côté, grand plaisir à te voir.

GEORGE.

Vous êtes tout pensif.

M. DUBRIAGE.

C'est cette solitude....

GEORGE.

Vous devez en avoir contracté l'habitude.

M. DUBRIAGE.

On a peine à s'y faire.... et le temps aujourd'hui
Est sombre : tout cela me donne un peu d'ennui.

GEORGE.

Vous êtes malheureux : jamais je ne m'ennuie :
Qu'il fasse froid ou chaud, du soleil, de la pluie,
Tout cela m'est égal ; je suis toujours content.

M. DUBRIAGE.

Je le vois.

GEORGE.

Je bénis mon sort à chaque instant.
Car, si je suis joyeux, j'ai bien sujet de l'être :
D'abord, j'ai le bonheur de servir un bon maître,
Un cher parrein ; ensuite à l'emploi de portier
J'ai, comme de raison, joint un petit métier :
Une loge ne peut occuper seule un homme ;
Et puis, écoutez donc, cela double la somme.
Je fais tout doucement ma petite maison,
Et j'amasse en été pour l'arrière-saison.

M. DUBRIAGE.

C'est bien fait. D'être heureux ce George fait envie.

GEORGE.

Ajoutez à cela le charme de la vie,
Une femme : la mienne est un petit trésor :
Elle a trente ans ; je crois qu'elle embellit encore.
Point d'humeur ; elle est gaie, elle est bonne, elle est franche ;
Elle aime son cher George. Oh ! j'ai bien ma revanche !
Dame, c'est qu'elle a soin du père, des enfans ! ....
Aussi, sans nous vanter, les marmots sont charmans.
Sans cesse autour de moi l'on passe, l'on repasse ;
C'est un mot, un coup-d'œil ; et cela me délasse.

M. DUBRIAGE.

Mais cela te dérange.

GEORGE.

Un peu : mais le plaisir ! ...
Il faut bien se donner un moment de loisir :
Cela n'empêche pas que la besogne n'aille ;
Car moi, tout en riant, en causant je travaille.
Mais, quand le soir, bien tard, les travaux sont finis,
Et qu'autour de la table on est tous réunis,
(Car la petite bande à présent soupe à table),
Si vous saviez, Monsieur, quel plaisir délectable !
Je me dis quelquefois, « je ne suis qu'un portier ;
» Mais souvent dans la loge on rit plus qu'au premier ».

M. DUBRIAGE.

Chacun est dans ce monde heureux à sa manière.

GEORGE.

Ah ! la nôtre est la vraie, et vous ne l'êtes guère
Heureux ! C'est votre faute aussi ; car, entre nous,
Pourquoi rester garçon ? Il ne tenoit qu'à vous,

Dans

Dans votre état, avec une grosse fortune;
De trouver une femme, èt dix mille pour une.

M. DUBRIAGE.

Que veux-tu?.. j'ai toujours aimé le célibat.

GEORGE.

Célibat, dites-vous! C'est donc là votre état?
Triste état, si par-là, comme je le soupçonne;
On entend n'aimer rien, ne tenir à personne!
Vive le mariage! Il faut se marier,
Riche ou non: et tenez, je m'en vais parier
Que si quelqu'un offroit au plus pauvre des hommes
Un hôtel, un carosse, avec de grosses sommes,
Pour qu'il vécût garçon, il diroit: « grand-merci;
» Plutôt que d'être riche, et que de l'être ainsi,
» J'aime cent fois mieux vivre au fond de la campagne;
» Pauvre, grattant la terre, auprès d'une compagne ».

M. DUBRIAGE.

Assez.

GEORGE.

Ce que j'en dis, c'est par pure amitié;
C'est que vraiment, Monsieur, vous me faites pitié.

M. DUBRIAGE.

Pitié!

GEORGE.

Je suis honteux de voir qu'un misérable,
Que moi, qui près de vous ne suis qu'un pauvre diable;
Sois plus heureux pourtant: c'est un chagrin que j'ai.

M. DUBRIAGE.

De ta compassion je te suis obligé:
Mais changeons de sujet.

(*Il se lève.*)

GEORGE.

Très-volontiers. Encore
Si, pour charmer, Monsieur, l'ennui qui vous dévore,
Vous aviez près de vous quelque proche parent !....

M. DUBRIAGE.

Oui ! tu vois mon neveu !....

GEORGE.

Mais cela me surprend ;
Et vraiment je ne puis du tout le reconnoître.

M. DUBRIAGE.

A propos, tu l'as vu long-temps ?

GEORGE.

Je l'ai vu naître.
Depuis, pendant dix ans, j'ai vécu près de lui.

M. DUBRIAGE.

Mais dis, George, d'après ce qu'il est aujourd'hui,
Il devoit donc avoir un bouillant caractère ?

GEORGE.

Eh non, il étoit doux !

M. DUBRIAGE.

Bon !

GEORGE.

A ne vous rien taire,
Moi, je ne saurois croire à ce grand changement :
Il faut qu'on l'ait....

M. DUBRIAGE.

Tu dis qu'il étoit doux !

GEORGE.

Charmant.

Sa mère ne pouvoit se passer de sa vue.
Hélas! son plus grand tort est de l'avoir perdue.
Un oncle lui restoit; mais il ne l'a point vu.

M. DUBRIAGE, *à part.*

Hélas!

GEORGE.

Abandonné dès-lors, au dépourvu....

M. DUBRIAGE, *voyant venir Ambroise.*

Chut!

SCÈNE III.

M. DUBRIAGE, GEORGE, AMBROISE.

M. DUBRIAGE.

Qu'est-ce ?

AMBROISE, *toujours d'un ton rude.*

De l'argent, Monsieur, qu'on vous apporte;
Cent bons louis : tenez.

M. DUBRIAGE.

La somme n'est pas forte :
Mais enfin cet argent va me faire du bien;
Car, depuis très-long-temps, je ne touchois plus rien.

AMBROISE.

Est-ce ma faute, à moi? croyez-vous que je touche

Aucun fermier ne paie : ils ont tous à la bouche
Le mot *grêle*.

M. DUBRIAGE.

Hélas ! oui.

AMBROISE.

Vous-même le premier ;
Si je laisse monter par hazad un fermier,
Vous lui remettez tout.

M. DUBRIAGE.

C'est naturel, je pense.

AMBROISE.

Mais il faut cependant fournir à la dépense.
Saint-Brice avoit besoin de réparations ;
J'ai fait à Montigny des augmentations :
Aussi de plus d'un an vous ne toucherez guères.
Peut-être croyez-vous que je fais mes affaires ;
La vérité pourtant est que j'y mets du mien.

GEORGE, *à part.*

Bon apôtre !

AMBROISE, *à George.*

Plaît-il ?

GEORGE.

Qui, moi ? je ne dis rien.

AMBROISE.

Encore ici ! c'est donc au premier que tu loges ?
Ton assiduité mérite des éloges.

GEORGE.

J'entretenois Monsieur, et voulois l'amuser :
En faveur du motif, on doit bien m'excuser.

AMBROISE.

Et ton poste ?

GEORGE.

Ma femme est en bas.

AMBROISE.

Il n'importe ;
Je veux t'y voir aussi ; vas, retourne à ta porte.

M. DUBRIAGE, *à Ambroise.*

Vous lui parlez, je crois, un peu trop rudement.

AMBROISE.

Chacun a sa manière. Allons, vîte.

M. DUBRIAGE.

Un moment.

GEORGE.

Si Monsieur me retient, je puis rester, je pense.

AMBROISE.

Tu fais le raisonneur !

GEORGE.

Est-ce vous faire offense,
Que de venir un peu causer ?

AMBROISE.

Offense ou non,
Descends.

M. DUBRIAGE.

Vous le prenez, Ambroise, sur un ton....?

AMBROISE.

Fort bien ! Ce cher filleul, toujours on le protège !
Il a beau me manquer....

GEORGE.

En quoi donc vous manquai-je ?

AMBROISE.

En désobéissant.

GEORGE.

Mais à qui, s'il vous plaît ?
Vous n'êtes point mon maitre; et c'est Monsieur qui l'est.

M. DUBRIAGE.

Eh oui, moi seul !

AMBROISE.

Comment ?

SÈNE IV.

M. DUBRIAGE, GEORGE, AMBROISE, Mad. EVRARD.

Mad. EVRARD.

Ambroise encor s'emporte,
Je gage ?

M. DUBRIAGE.

Oui, beaucoup trop.

AMBROISE.

Je veux que George sorte,
Descende : il me résiste ; et Monsieur le soutient.
Voilà tout uniment d'où notre débat vient.

Mad. EVRARD.

D'un tapage si grand, comment c'est là la cause !

M. DUBRIAGE.

Ah ! je suis plus choqué du ton que de la chose.

Mad. EVRARD *à M. Dubriage.*

Vous avez bien raison ; mais vous le connoissez,

Ce cher homme... il est vif.

AMBROISE.

Eh, morbleu!

Mad. EVRARD *à Ambroise.*

Finissez.

George est un bon enfant, et va, je le parie,
(*à George, d'un ton d'autorité.*)
Se rendre le premier. Là, descends, je te prie.

GEORGE.

Eh oui, je descends!

Mad. EVRARD.

Bon.

GEORGE *à part, en s'en allant.*

Oh, que j'ai de chagrin
De voir ces deux fripons maîtriser mon parrein!
(*Il sort.*)

SCÈNE V.

M. DUBRIAGE, Mad. EVRARD, AMBROISE.

Mad. EVRARD.

Vous avez tort, Ambroise, il faut que je le dise;
Et vous êtes brutal à force de franchise.

M. DUBRIAGE *encore ému.*

Je suis bon; mais aussi c'est trop en abuser.

Mad. EVRARD *à Ambroise.*

Sur ce point je ne puis vraiment vous excuser.

Vous êtes droit, loyal, mais jamais, je le pense,
D'être doux et soumis cela ne nous dispense.

AMBROISE.

Eh ! qui vous dit, Madame... ?

M. DUBRIAGE.

Il s'emporte d'abord;
Il me tient des propos... et devant George encor!

Mad. EVRARD.

Cela n'est pas croyable... Ambroise !...

AMBROISE.

Je vous jure
Que c'est dans la chaleur....

Mad. EVRARD.

Oh oui, je vous assure !...

AMBROISE.

Eh, Monsieur sait combien je lui suis attaché.

M. DUBRIAGE.

Je le sais ; sans quoi...

Mad. EVRARD.

Bon, vous n'êtes plus fâché...
Monsieur se plaît chez lui, parmi nous : il me semble
Qu'il faut le rendre heureux, vivre tous bien ensemble.

M. DUBRIAGE.

N'en parlons plus.

Mad. EVRARD.

Non, non, plus du tout.
(*Elle lui donne affectueusement ses gands et son chapeau.*)

M. DUBRIAGE.

Sans adieu :
Je vais au Luxembourg me promener un peu.

Mad. EVRARD *de loin.*

Revenez donc bientôt, cher Monsieur : il me tarde...

M. DUBRIAGE.

Oui, bientôt.

(*Il sort.*)

SCÈNE VI.

Mad. EVRARD, AMBROISE.

AMBROISE.

Savez-vous que si l'on n'y prend garde,
Il nous fera la loi!

Mad. EVRARD.

Nous sommes sans témoin ;
Ambroise, songez-y, vous allez un peu loin;
Et Monsieur pourroit bien perdre enfin patience.

AMBROISE.

Je voudrois voir cela.

Mad. EVRARD.

Ce ton de confiance
Pourroit vous attirer quelques fâcheux éclats;
Je vous en avertis : ne vous exposez pas.

AMBROISE.

Eh, je n'ai pas du tout besoin qu'on m'avertisse !
La maison sauteroit plutôt que j'en sortisse.

Un autre soin m'occupe, à ne vous rien céler;
Et je vais cette fois nettement vous parler.
Dès long-temps je vous aime, et vous presse, Madame,
De recevoir ma main, de devenir ma femme :
C'est trop long-temps ainsi me jouer, m'amuser;
Il faut m'admettre enfin, ou bien me refuser.

Mad. EVRARD.

Mais vous pressez les gens d'une manière étrange,
Il le faut avouer.

AMBROISE.

Je ne prends plus le change.
Tenez, madame Evrard, je vais au fait d'ab rd.
Je ne suis point galant; mais vous me plaisez fort.

Mad. EVRARD.

Monsieur Ambroise...!

AMBROISE.

Eh oui, votre air, votre figure,
Que vous dirai-je enfin? toute votre tournure
M'enchante, me ravit. Allez, j'ai de bons yeux :
Vous êtes fraîche, et moi, je ne suis pas très-vieux;
Par ma foi, nous serons le mieux du monde ensemble :
Et puis notre intérêt l'exige, ce me semble.
Ma fortune est assez ronde, vous le savez.
Je ne m'informe pas de ce que vous avez :
Vous ne vous êtes pas surement oubliée....
Allons, madame Evrard.

Mad. EVRARD.

Je crains d'être liée,
De me voir...

AMBROISE.

Craignez tout, si nous nous divisons;
Oui : je n'ai pas besoin d'en dire les raisons.
L'un de l'autre, entre nous, nous savons des nouvelles,
Et tous deux nous pourrions en raconter de belles;
Au lieu qu'à l'avenir, si nous ne faisons qu'un,
Nous ne craindrons plus rien de l'ennemi commun...
A propos : j'oubliois de vous dire, Madame,
Que j'ai trouvé, je crois, cette seconde femme...

Mad. EVRARD.

Vous revenez toujours sur ce chapitre-là!
Je ne suis point d'accord avec vous sur cela.

AMBROISE.

Vous n'avez pas besoin de quelqu'un qui vous aide?

Mad. EVRARD.

Moi! point du tout.

AMBROISE.

Si-fait, et puis qui vous succède...

Mad. EVRARD.

Qui?...

AMBROISE.

Voulons-nous servir jusques à nos vieux jours!
Notre service est doux; mais nous servons, toujours.

Mad. EVRARD.

Vous voyez mal, Ambroise : il vaudroit mieux peut-être
Attendre... enfin fermer les yeux de notre maître.

AMBROISE.

Mais cela peut durer encore très-long-temps.
Monsieur n'a, voyez-vous, que soixante-cinq ans;
Il est temps, croyez-moi, de faire une retraite:

Et pour la faire sure, honorable et discrète,
Il faut laisser ici des gens honnêtes, doux,
Par nous-mêmes choisis, qui dépendent de nous,
Qui soient à nous, de nous qui lui parlent sans cesse.

Mad. EVRARD.

S'ils alloient de Monsieur captiver la tendresse!...
Enfin nous verrons...

AMBROISE.

Bon, vous remettez toujours!

Mad. EVRARD.

Eh, moins d'impatience!

AMBROISE.

Et vous, moins de détours;
Plus de délais : demain je veux une réponse.

Mad. EVRARD.

(*à part, en s'en allant.*)

Demain, soit. Sur mon sort si Monsieur ne prononce,
Que faire? Allons, il faut se presser au plutôt.

(*Elle sort.*)

AMBROISE.

A demain donc.

SCÈNE VII.

AMBROISE *seul.*

VOILA la femme qu'il me faut.
D'abord, réunissant les deux sommes en une,
C'est un total; et puis, à quoi bon la fortune,
Quand on la mange seul? Monsieur sert de leçon;

C'est une triste chose, au fait, qu'un vieux garçon!
On se marie, on a des enfans; on amasse:
Et, si l'on meurt, du moins on sait où le bien passe...
Mais que veut cette fille?... A propos; c'est, je crois...
Déjà!

SCÈNE VIII.

AMBROISE, LAURE.

AMBROISE *d'un ton rude.*

Qu'EST-CE?

LAURE *tremblante.*

Monsieur... Ambroise?...

AMBROISE.

Eh bien! c'est moi.

LAURE.

Peut-être en ce moment, Monsieur, je vous dérange...
C'est moi... dont vous a pu parler monsieur la Grange.

AMBROISE.

C'est différent. J'entends; c'est vous qui souhaitez
Entrer ici?

LAURE.

Du moins si vous le permettez.
Voulez-vous bien jetter les yeux sur cette lettre?...

AMBROISE, *assis.*

Vous tremblez!

LAURE.

Moi... pardon.

AMBROISE.

Tâchez de vous remettre...

(*lisant des yeux.*)

Voyons. ...« Sage, bien née et docile »... Il suffit.

(*fixant Laure.*)

Votre air s'accorde assez avec ce qu'on m'écrit.

LAURE.

Vous êtes trop honnête.

AMBROISE *s'asseyant.*

On vous appelle?

LAURE.

Laure.

AMBROISE.

Et votre âge... vingt ans?

LAURE.

Pas tout-à-fait encore.

AMBROISE.

N'avez-vous pas servi déjà?

LAURE.

Qui, moi?... jamais!

Je ne servirai point ailleurs, je vous promets.

AMBROISE.

Vous n'êtes point encor mariée?

LAURE.

A mon âge,

Sans fortune, peut-on songer au mariage?

AMBROISE.

Plus je vous interroge, et plus je m'apperçois

(*S'étant levé.*)

Que vous me convenez... Allons, je vous reçois.

LAURE.

Monsieur, c'est trop d'honneur que vous daignez me faire.

AMBROISE, *levé.*

Oh ! non. Je vois cela, vous ferez mon affaire.
J'en préviendrai Monsieur; car il est à propos
Qu'ensemble ce matin nous en disions deux mots :
Mais j'en réponds. Au reste, il est bon de vous dire
Où vous êtes, comment vous devez vous conduire.

LAURE.

J'écoute.

AMBROISE.

Vous saurez que vous avez ici
Plus d'un maître à servir.

LAURE.

On me l'a dit aussi.

AMBROISE.

Moi, le premier.

LAURE.

Oh, oui.

AMBROISE.

Puis, pour la gouvernante,
Madame Evrard, soyez docile et prévenante.
Monsieur la considère, et moi j'en fais grand cas :
Servez-la bien.

LAURE.

Monsieur, je n'y manquerai pas.

AMBROISE.

Enfin, il faut avoir pour monsieur Dubriage

Les égards et les soins que l'on doit à son âge :
C'est un homme de bien, respectable d'abord,
Riche d'ailleurs, qui peut faire un jour votre sort.

LAURE.

Par un motif plus pur déjà je le révère.

AMBROISE.

C'est tout simple.. sur-tout souvenez-vous, ma chère,
Que c'est Ambroise seul qui vous a fait entrer.

LAURE.

Je n'oublierai jamais, j'ose vous l'assurer,
Que, si dans la maison j'occupe cette place,
C'est à vos soins, Monsieur, que j'en dois rendre grace.

AMBROISE.

Pas mal. Allons, je crois que je serai content.

SCENE IX.

3 1 2
LAURE, AMBROISE, CHARLE.

CHARLE *de loin, à part.*

L'AURA-T-IL agréée ?

AMBROISE.

Ah ! Charle, dans l'instant
J'arrête, je reçois cette jeune servante;
Elle va soulager, servir la gouvernante,
Et dans l'occasion pourra vous seconder :
Avec elle tâchez de vous bien accorder.

CHARLE.

CHARLE.

Oui, je l'espère.

AMBROISE, *à Laure.*

Bon ! Allez payer votre hôte,
Et revenez ici dans deux heures sans faute.
Ne demandez que moi.

LAURE.

Non.

AMBROISE.

Pour quelques instans,
Je vais sortir. Allez, ne perdez point de temps;
(*à Charle.*)
Ni vous non plus.

CHARLE.

Oh, non ! Croyez, je vous supplie,
Que toute ma journée est assez bien remplie.

(*Ambroise sort.*)

SCÈNE X.

CHARLE, LAURE.

CHARLE.

Te voilà donc entrée ! ah, nous verrons un peu
S'ils feront déguerpir la nièce et le neveu !

LAURE.

Je suis tremblante encor.

CHARLE.

Rassure-toi, ma chère,
Mon oncle va te voir ; il suffit, et j'espère.
Il entendra bientôt le son de cette voix
Qui sut toucher mon cœur dès la première fois....
Ah, je voudrois déjà qu'à loisir il t'eût vue !

LAURE.

Je desire à la fois et crains cette entrevue.
Cette madame Evrard ; ô dieu, que je la crains !

CHARLE.

Qu'elle est fausse et méchante !

LAURE.

En ce cas, je la plains.

CHARLE.

Chère épouse, faut-il qu'à feindre de la sorte
Le destin nous réduise !

LAURE.

Eh, Charle, que m'importe !
Je serai près de toi : toi seul fais tout mon bien ;
Tu me tiens lieu de tout ; le reste ne m'est rien.
Mon ami, sans compter ce pénible voyage,
J'ai bien eu du chagrin depuis mon mariage ;
Mais tu me consolois ; nous mêlions nos douleurs :
Et ces deux ans, passés ensemble dans les pleurs,
Sont encor les momens les plus doux de ma vie.

CHARLE.

Va, mon sort, quel qu'il soit, est trop digne d'envie....

LAURE.

Mais adieu ; car je crains...

CHARLE.

A peine pourrons-nous
Peindre nos sentimens.

LAURE.

Ils n'en sont que plus doux,
.... Adieu, Charle.

CHARLE.

Au revoir?

LAURE, *en sortant.*

Au revoir.

SCÈNE XI.

CHARLE, *seul.*

QUELLE femme!
De l'esprit, de la grace, avec une belle ame!
Trop heureux! Mon pauvre oncle a ses peines aussi,
Et n'a personne, hélas! qui le sonsole ainsi.
Je craignois son courroux: ah! bien loin de le craindre,
C'est lui qui de nous trois est bien le plus à plaindre!...
Mais que veut George?

SCÈNE XII.

CHARLE, GEORGE.

CHARLE.

Eh bien?

GEORGE.

Elle vient de partir,
Sans qu'on l'ait, grace au ciel, vu entrer ni sortir....
Mais vous ne savez pas!...

CHARLE.

Qu'as-tu donc à me dire?

GEORGE.

Quelque chose, entre nous, qui vous fera peu rire.
J'ai là-bas cinq cousins, tous issus de germains,
Dont l'un même a déjà ses papiers dans les mains:
Ils viennent par Monsieur se faire reconnoitre.
« Il est sorti », leur dis-je. « Il rentrera peut-être »,
Dit l'orateur. Enfin ils ont voulu rester.
Qu'en ferai-je, Monsieur?

CHARLE.

Eh mais, fais-les monter!

GEORGE.

Songez donc que de près à mon parrein ils tiennent,
Et qu'ils pourroient fort bien....

CHARLE.

Il n'importe; qu'ils viennent.

GEORGE.

C'est votre affaire, allons.

(*Il sort.*)

SCÈNE XIII.

CHARLE, *seul.*

Amusons-nous un peu.
Cinq avides cousins reçus par un neveu !
Cela sera piquant. Sachons encore feindre.
.... Ils ne sont pas heureux : c'est à moi de les plaindre.

SCÈNE XIV.

CHARLE, les CINQ COUSINS en guêtres.

LE GRAND COUSIN, *bas aux autres, de loin.*

Laissez-moi parler seul.

(*Haut à Charle, avec mainte révérences que les autres imitent.*)

Nous avons bien l'honneur,
Monsieur....

CHARLE.

C'est moi qui suis votre humble serviteur.
Vous venez pour parler à monsieur Dubriage?

LE GRAND COUSIN.

Oui, Monsieur; c'est l'objet de notre long voyage;

Car nous venons d'Arras pour le voir seulement.

CHARLE.

En vérité, j'admire un tel empressement;
Et je ne doute point qu'à Monsieur il ne plaise.

LE 3e COUSIN.

Le cousin de nous voir sera, je crois, bien aise.

CHARLE.

Le connoissez-vous?

LES QUATRE COUSINS.

Non.

LE GRAND COUSIN, *d'un air important.*

Ils ne l'ont jamais vu.
Mais mon air au cousin pourroit être connu.
Je l'allai voir alors qu'il faisoit son commerce,
En... soixante: il vendoit des étoffes de Perse!..
Dame aussi, le cousin est riche à millions;
Et nous sommes encor gueux comme nous étions!

CHARLE.

Êtes-vous frères tous?

LE GRAND COUSIN.

Il ne s'en faut de guères.
Voici mon frère, à moi: les trois autres sont frères.
Mais nous sommes cousins, tous, issus de germains,
Comme il est constaté par ces titres certains,
(*Déployant ses papiers.*)
Sur-tout par ce tableau. Mon frère est Géographe.

LE 2e COUSIN, *avec force révérences.*

Pour vous servir. Voici mon nom et mon paraphe.

(*Déroulant l'arbre généalogique, et le faisant voir à Charle.*)

Roch-Nicodême Armand (c'est notre aïeul commun,
La souche),

(*Ils ôtent tous leur chapeau.*)

Eut trois garçons; mon grand-père en est un.
Sa fille, Jeanne Armand, contracta mariage,
Comme vous pouvez voir, avec Paul Dubriage,
Le père du cousin.

CHARLE, *suivant des yeux sur l'arbre généalogique.*

Arrêtez donc un peu.
Je vois plus près, tout seul, Pierre Armand, un neveu:
Il exclut les cousins; la chose paroît claire.

LE 2e COUSIN, *embarrassé.*

Oui; mais.... frère, dis donc....

LE GRAND COUSIN.

Nous ne le craignons guère.

CHARLE.

Pourquoi?

LE GRAND COUSIN.

Par le cousin il est fort détesté,
Et vraisemblablement sera déshérité.

CHARLE.

Fort bien!

LE 3e COUSIN.

Nous n'avons pas l'honneur de le connoître:
Mais il nous gêne fort.

CHARLE.

Il auroit droit peut-être
De vous dire à son tour: « C'est vous qui me gênez ».

» Et c'est ma place enfin, Messieurs, que vous prenez ».

LE GRAND COUSIN.

Bah! bah!

LE 3e COUSIN.

Cette maison, comme elle est belle et grande!
(*A Charle.*)
Elle est à lui, Monsieur?

LE GRAND COUSIN.

Parbleu, belle demande!
Je gage qu'il en a bien plus d'une autre encor.

LE 4e COUSIN.

Quels meubles!

LE 3e COUSIN.

Les dedans, vous verrez, sont pleins d'or.

LE 5e COUSIN.

De bijoux.

LE 2e COUSIN, *d'un ton grave.*

De contrats.

LE GRAND COUSIN.

Et quand on peut se dire
« Nous aurons tout cela », ma foi, cela fait rire.

TOUS LES COUSINS, *riant aux éclats.*

Oh! oui, rien n'est plus drôle.

CHARLE.

En effet, à présent
Je trouve que la chose a son côté plaisant.

LE GRAND COUSIN.

Morbleu!

CHARLE.

Paix, car on vient.

LE GRAND COUSIN.

Quelle est donc cette dame ?

CHARLE, *bas aux Cousins.*

C'est une gouvernante... Entre nous, cette femme
Sur l'esprit de Monsieur a beaucoup d'ascendant :
Il faut la ménager.

LE GRAND COUSIN, *bas à Charle.*

Allez, je suis prudent,
Et sais ce qu'il faut dire à notre gouvernante.

SCÈNE XV.

CHARLE, les CINQ COUSINS, Mad. EVRARD.

LE GRAND COUSIN.

MADAME, nous avons....

Mad. EVRARD, *d'un air très-inquiet.*

Je suis votre servante !
Messieurs, peut-on savoir ce que vous desirez ?

LE GRAND COUSIN.

Nous desirerions voir le cousin. Vous saurez....

LES QUATRE AUTRES COUSINS, *tous ensemble.*

Nous sommes les cousins de monsieur Dubriage.

LE GRAND COUSIN, *bas aux autres.*

Paix !

(*Haut à mad. Evrard.*)

Nous venons d'Arras tout exprès.

Mad. EVRARD.

C'est dommage !
Monsieur vient de sortir.

LE GRAND COUSIN.

C'est ce qu'on nous a dit :
Mais quoi, nous l'attendrons fort bien, sans contredit.
Le Cousin va rentrer avant peu, je l'espère.

Mad. EVRARD.

Non : il ne rentrera que très-tard, au contraire.

LE GRAND COUSIN.

Demain nous reviendrons.

Mad. EVRARD.

Ne venez pas demain :
Il part pour la campagne, et de très-grand matin.

LES 3e et 4e COUSINS.

Après-demain ?

Mad. EVRARD.

Sans doute... enfin dans la semaine.
Mais, je vous en préviens, souvent il se promène.
D'ailleurs, Monsieur saura que vous êtes venus ;
C'est comme si par lui vous étiez reconnus.

TOUS LES COUSINS.

Oh, nous voulons le voir !

Mad. EVRARD.

Très-volontiers. Lui-même
Sera ravi de voir de bons parens qu'il aime.
Au revoir donc, Messieurs ; car, dans ce moment-ci....

LE GRAND COUSIN.

Madame....

LE 3e COUSIN, *bas au grand Cousin.*

Je croyois qu'on dineroit ici.

LE GRAND COUSIN.

(*Bas au 3e Cousin.*) (*Haut à mad. Evrard.*)
Paix douc !.... Nous reviendrons.

Mad. EVRARD.

Pardon, je vous supplie,
Si je vous laisse aller.

LE GRAND COUSIN, *s'agrémentant.*

Vous êtes trop polie.

CHARLE, *les menant dehors.*

C'est à moi de fermer la porte à ces Messieurs.
(*Il sort avec eux.*)

SCÈNE XVI.

Mad. EVRARD *seule.*

QU'ILS aillent présenter leur cousinage ailleurs....
Quel malheur, si Monsieur eût vu cette recrue !
(*Prêtant l'oreille.*)
On ferme... Ah ! dieu merci, les voilà dans la rue...
Au surplus ces parens m'épouvantent fort peu,
Et je crains beaucoup moins dix cousins qu'un neveu...
Mais quoi, je perds le temps en de vaines paroles !
Les enfans du portier doivent savoir leurs rôles :
Faisons-les répéter ; oui, sachons avec art
Employer des enfans, pour toucher un vieillard.

FIN DU SECOND ACTE.

ACTE III.

SCÈNE PREMIÈRE.

Mad. EVRARD, LES DEUX ENFANS DE GEORGE.

Mad. EVRARD.

Bon, mes petits amis ; je suis très-satisfaite !

JULIEN.

Aussi, depuis au moins deux heures, je répète.

Mad. EVRARD.

Fort bien ! Çà, mes enfans, je m'en vais vous laisser.
Vous, dès qu'il paroîtra, vous irez l'embrasser....

TOUS DEUX.

Oui, oui.

Mad. EVRARD.

Comme papa, maman.

TOUS DEUX.

Ah ! tout de même.

Mad. EVRARD.

Appellez-le du nom de papa, car il l'aime.

JULIEN.

C'est bien vrai : moi, toujours je l'appelle *papa*.

LA SŒUR.

Moi, *bon ami*.

Mad. EVRARD.

Sans doute il vous demandera
Si vous avez appris ce matin quelque chose :
Alors vous lui direz votre scène.

LA SŒUR.

Je n'ose.

Mad. EVRARD.

Tu n'oses ?... pauvre enfant !

LE FRERE.

Oh, moi, je ne crains rien !
Je sais par cœur mon rôle, et je le dirai bien.

Mad. EVRARD.

Bon, Julien ! Soyez donc tous les deux bien aimables :
Et, si jusqu'à demain vous êtes raisonnables,
Voûs aurez... quelque chose.

LE FRERE.

Oui, moi, mais pas ma sœur ;
Elle a peur, elle n'ose.

LA SŒUR.

Oh, non, je n'ai plus peur.

Mad. EVRARD.

J'entends Monsieur venir : adieu donc, bon courage !
(*à part, en s'en allant.*)
Après, je reviendrai, pour achever l'ouvrage.
(*Elle sort.*)

SCÈNE II.

LES ENFANS, M. DUBRIAGE *qui s'avance en rêvant, sans les voir.*

LA SŒUR.

Je ne pourrai jamais réciter tout cela.

LE FRERE.

(*bas.*)

Je te soufflerai, moi. Chut, ma Sœur, le voilà!

LA SŒUR *bas.*

Il ne nous voit pas.

LE FRERE *bas.*

Non; il rêve.

LA SŒUR *bas.*

Ah, que c'est drôle!

LE FRERE *bas.*

Eh, paix donc!

LA SŒUR *bas.*

On diroit qu'il répète son rôle.

(*Ils rient tous deux et se font des mines.*)

M. DUBRIAGE.

Qu'est-ce?

LE FRERE *courant à lui.*

C'est nous, papa.

M. DUBRIAGE *l'embrassant.*

C'est toi, petit Julien!

LA SŒUR, *allant aussi à M. Dubriage.*

Oui, bon ami.

M. DUBRIAGE *l'embrassant aussi.*

Bonjour !

(*M. Dubriage s'assie'.*)

LA SŒUR.

Comment ça va-t-il?

M. DUBRIAGE.

Bien.

Et vous?

LE FRERE.

Tu vois.

M. DUBRIAGE.

Cela se lit sur vos visages.

Dites-moi, mes enfans, êtes-vous toujours sages?

LE FRERE.

Oh, toujours! Ce matin, maman nous le disoit.

M. DUBRIAGE *se tournant tour-à-tour vers chacun d'eux.*

Vraiment?

LA SŒUR.

Si tu savois comme elle nous baisoit!

LE FRERE.

Et, papa! Tout exprès il quitte son ouvrage.

LA SŒUR.

Il prétend que cela lui donne du courage.

M. DUBRIAGE.

Et vous les aimez bien?

LA SŒUR.

Oui, comme nous t'aimons.

LE FRERE.

Papa cause la nuit, croyant que nous dormons.
Hier encor, ma sœur étoit bien endormie,
Moi pas : je l'entendois qui disoit : « Mon amie,
» Conviens que nous devons être tous deux contens,
» Et que nous avons là de bien jolis enfans »...
Et maman répondoit : « C'est vrai qu'ils sont aimables » :
« Dame, c'est qu'à leur mère ils sont tous deux semblables,
Disoit papa ». « Julien, soit, répondoit maman ;
» Mais Suson te ressemble, à toi, là, conviens-en ».
Et puis papa...

M. DUBRIAGE.

Fort bien ! Comment va la mémoire ?
Savez-vous ce matin une fable, une histoire ?

LE FRERE.

Tiens, papa, ce matin encor nous répétions
Un petit dialogue à nous deux.

M. DUBRIAGE.

Ah, voyons !
Çà, commence ma sœur.

LE FRERE.

(*Les enfans récitent chacun leur couplet comme une leçon.*)

LA SŒUR.

Quel est le patriarche
» Qui prévit le Déluge et construisit une arche ?

LE FRERE.

» Noé fils de Lamech, qui, comme vous savez,
» S'est échappé lui-même et nous a tous sauvés.

LA SŒUR.

» On me l'avoit bien dit. Quoi, tous tant que nous sommes !

» Comment

» Comment! un homme seul a sauvé tous les hommes!

LE FRERE.

» Oui, sans doute; et voici comment cela s'est fait.
» Noé n'eut que trois fils, Sem, Cham et puis Japhet.
» Sem en eut cinq : chacun eut au moins une épouse,
» Dont il eût maint enfant; Jacob seul en eut douze.
» Ces enfans se sont vus pères d'enfans nombreux :
» C'est de-là qu'est venu le peuple des Hébreux.

LA SŒUR.

» Ah, ah!

LE FRERE.

» Je n'ai parlé que de Sem : ses deux frères
» Du reste des humains ont été les grands-pères.
» Dieu dit : *Multipliez et croissez à l'envi.*
» Nul précepte jamais n'a mieux été suivi;
» Et l'on continuera surement de le suivre ».

M. DUBRIAGE, *un peu fâché.*

Où donc avez-vous lu cela?

LE FRERE.

Dans un beau livre,
Dont on a fait présent à maman.

M. DUBRIAGE.

C'est assez.

LA SŒUR.

J'ai quelque chose encore à dire.

M. DUBRIAGE.

Finissez.

(*Il rêve, et pendant ce temps-là les enfans se font des mines, et s'excitent l'un l'autre à parler à monsieur Dubriage.*)

E

LA SŒUR, *allant tout doucement à lui.*

Tiens, quelquefois à nous papa ne prend pas garde...
(Elle lui caresse la joue.)
Je fais comme cela.... Puis alors il regarde,
Me voit, rit, et m'embrasse enfin comme cela.
(Elle témoigne vouloir l'embrasser.)

M. DUBRIAGE, *lui tendant les bras.*

Chère petite, viens.

LE FRERE.

Et moi, mon bon papa?

M. DUBRIAGE.

Viens aussi.
(Il les tient tous deux serrés dans ses bras.)

SCÈNE III.

M. DUBRIAGE, LES ENFANS
Mad. EVRARD.

Mad. EVRARD, *de loin, sans être vue.*

Mes enfans s'en tirent à miracle:
Il est tems de parler à mon tour.
(Haut, toujours d'un peu loin.)
Doux spectacle!
Il m'enchante, d'honneur!

M. DUBRIAGE.

C'est vous, madame Evrard?

Mad. EVRARD.

Oui, Monsieur; du tableau je prends aussi ma part.
On croiroit voir un père au sein de sa famille.

LA SŒUR, *à madame Evrard.*

J'ai fort bien dit ma scène....

Mad. EVRARD, *l'arrêtant.*

A merveille, ma fille !
Vous égayez Monsieur : c'est bien fait, mes enfans.
Allez jouer tous deux : en restant plus long-temps,
Vous importuneriez ce bon papa peut-être ;
Allez.

LES ENFANS, *en sortant.*

Adieu, papa.

SCÈNE IV.

M. DUBRIAGE *assis*, Mad. EVRARD.

Mad. EVRARD *à part.*

Si je puis m'y connoître,
(*Haut.*)
Il est ému. Vraiment, ces enfans sont gentils.

M. DUBRIAGE.

Oui, tout-à-fait : pour moi, j'aime fort leurs babils.

Mad. EVRARD.

Et leurs caresses donc, naïves, enfantines !
Et puis ils ont tous deux les plus charmantes mines.. !
Une grace, un sourire, enfin je ne sais quoi....
Qui me plait, m'attendrit.

M. DUBRIAGE.

Il me touche aussi, moi.

Qui ne les aimeroit? cela n'est pas possible.

Mad. EVRARD.

Je me dis quelquefois: « Monsieur est bon, sensible :
» S'il a tant d'amitié pour les enfans d'autrui,
» Qu'il auroit donc d'amour pour des enfans à lui !

M. DUBRIAGE, *à demi-voix.*

Hélas !

Mad. EVRARD.

Cette petite est le portrait du père.

M. DUBRIAGE.

Oui vraiment! et Julien, il ressemble à sa mère.... !

Mad. EVRARD.

A s'y tromper. Ces gens sont-ils assez heureux,
De voir ainsi courir et sauter autour d'eux
Leurs portraits, en un mot, comme d'autres eux-mêmes !

M. DUBRIAGE.

J'y pensois : ce doit être une douceur extrême.

Mad. EVRARD.

Je ressemblois aussi beaucoup, je m'en souviens,
A mon père.... digne homme ! il étoit assez bien....
Ayant moins de richesses, hélas, que de naissance!..
On le félicitoit sur notre ressemblance :
Aussi m'aimoit-il plus que ses autres enfans....
(*Appuyant finement.*)
Et puis il m'avoit eue à plus de soixante ans.
Je flattois son orgueil autant que sa tendresse :
Il m'appelloit souvent l'enfant de sa vieillesse.

M. DUBRIAGE.

A plus de soixante ans !

Mad. EVRARD.

Oui; c'est qu'il étoit frais !...
Et même il a vécu vingt ans encore après.

(*Voyant monsieur Dubriage, retomber dans une profonde rêverie.*)

Allons ! vous retombez dans votre rêverie.

M. DUBRIAGE.

Il est vrai.

Mad. EVRARD.

Je ne sais.... excusez, je vous prie....
Mais vous semblez avoir quelque chose.

M. DUBRIAGE.

Non, rien.

Mad. EVRARD.

Si-fait : vous êtes triste, oh, je le vois fort bien....
Au surplus chacun a ses embarras, ses peines....
Moi qui vous parle, eh bien, j'ai moi-même les miennes.

M. DUBRIAGE.

Qui, vous, madame Evrard !

Mad. EVRARD.

Sans doute.

M. DUBRIAGE.

A quel propos?

Mad. EVRARD.

Ambroise me tourmente : il desire, en deux mots,
Qu'avant peu, que demain je devienne sa femme.

M. DUBRIAGE.

(*La faisant asseoir à côté de lui.*)

Ambroise, dites-vous?... Répétez donc, Madame.

Mad. EVRARD, *assise.*

Je dis qu'Ambroise m'aime et me veut épouser.

Depuis plus de deux ans, je sais le refuser.
J'élude chaque jour une nouvelle instance,
Croyant que mes délais lasseront sa constance :
Non ; loin de s'attiédir, son ardeur va croissant.
Mais aujourd'hui sur-tout, il devient plus pressant ;
Il insiste ; et vraiment je ne sais plus que faire.
Je viens vous demander conseil sur cette affaire.

M. DUBRIAGE.

Eh mais, je ne sais trop quel conseil vous donner !...
Car enfin ce parti n'est pas à dédaigner :
Ambroise est, après tout, un parfait honnête homme,
Homme d'honneur, de sens, excellent économe.

Mad. EVRARD.

Oui, vous avez raison, et pour la probité,
Ambroise assurémrnt sera toujours cité :
Mais il parle d'hymen ; la chose est sérieuse :
Je crains, je l'avouerai, de n'être pas heureuse.

M. DUBRIAGE.

Eh, pourquoi?

Mad. EVRARD.

Je ne sais.... tenez, c'est, qu'entre nous,
On peut être honnête homme et fort mauvais époux.
Ambroise est quelquefois d'une rudesse extrême,
Vous le savez : souvent il vous parle à vous-même
D'un ton....

M. DUBRIAGE.

Un peu dur, oui ; mais vous l'adoucirez :
Vous avez pour cela des moyens assurés.

Mad. EVRARD.

Quelle tâche ! j'en suis d'avance intimidée....
Puis.... j'avois de l'hymen une toute autre idée !

Car j'étois faite, moi, pour un lien si doux ;
Et... sans l'attachement, Monsieur, que j'ai pour vous,
A coup sûr je serois déjà remariée.
Dans mon premier hymen je fus contrariée,
Et, lorsque l'on m'unit au bon monsieur Evrard,
A mon penchant peut-être on eut trop peu d'égard.
A prendre un tel époux bien qu'on m'eût su contraindre,
Vous savez cependant s'il eut lieu de se plaindre,
Si je manquai pour lui de soins, d'attention... !

M. DUBRIAGE.

On vous eût crus unis par inclination.

Mad. EVRARD.

Eh bien, en pareil cas, si je fus complaisante,
Jugez, Monsieur, combien je serois douce, aimante,
Si j'avois un mari qui fût... là... de mon choix,
Dont l'humeur me convînt en un mot !

M. DUBRIAGE.

Je le crois.

Mad. EVRARD.

Et je ne parle pas d'un mari vain, volage....
Je n'aurois point voulu d'un jeune homme ; à cet âge,
On ne sait pas aimer.

M. DUBRIAGE.

Je l'ai toujours pensé.
Ce que vous dites-là, Madame, est très-sensé.

Mad. EVRARD.

Pour mieux dire, tenez, Monsieur, je le confesse,
Pourvu qu'il eût passé la première jeunesse,
Peu m'importe quel âge auroit eu mon époux.
Je parle sans détour ; car enfin, entre nous,
En me remariant, moi, s'il faut vous le dire,

Un, deux enfans, voilà tout ce que je desire...
Il me semble déjà que j'ai là sous les yeux,
Que je vois mes enfans, le père au milieu d'eux,
Souriant à nous trois, allant de l'un à l'autre....
Oh, quel ravissement seroit alors le nôtre!....
(*Se reprenant.*)
J'entends le mien, celui du mari que j'aurois.
Je parle en général. Je n'ai point de regrets:
Auprès de vous, mon sort est trop digne d'envie;
Le ciel m'en est témoin, j'y veux passer ma vie:
Nul motif, nul pouvoir ne peut m'en arracher.

M. DUBRIAGE.

Qu'un tel attachement est fait pour me toucher!

Mad. EVRARD.

Vous devez voir pour vous jusqu'où va ma tendresse,
Comme au moindre signal je vole, je m'empresse,
Comme je mets au rang des plaisirs les plus doux
Celui de vous servir, d'avoir bien soin de vous.
Ce n'est point l'intérêt, le devoir qui me mène;
C'est l'amitié, le cœur: cela se voit sans peine....
Enfin sur le motif qui me faisoit agir
On s'est mépris.... au point de me faire rougir.
Oui, Monsieur, pour jamais, s'il faut que je le dise,
La médisance ici peut m'avoir compromise:
Je ne suis pas encor d'âge à la désarmer.
On me soupçonne enfin....

M. DUBRIAGE.

De quoi?

Mad. EVRARD.

De vous aimer,
De vous plaire... je dis d'avoir touché votre ame.

Charle, en entrant, a cru que j'étois votre femme.
Mon amitié pour vous me fait tout supporter.
C'est un plaisir de plus, et j'aime à le goûter....
Mais, je vous le demande, avec un cœur sensible,
Puis-je épouser?...

M. DUBRIAGE, *ému.*

Oh, non! cela n'est pas possible;
Ambroise, je le sens, n'est pas digne de vous;
Le ciel ne l'a pas fait pour être votre époux.

Mad. EVRARD, *tendrement.*

Le croyez-vous?

M. DUBRIAGE.

Oh, oui!

Mad. EVRARD.

Peut-être je me flatte,
Oui, peut-être ai-je l'ame un peu trop délicate:
Lorsqu'en moi je descends, je ne sais... je me crois
Digne d'un meilleur sort. L'état où je me vois
M'humilie... Ah! j'ai tort... mais malgré moi j'en pleure.

M. DUBRIAGE, *plus ému.*

Chère madame Evrard... chaque jour, à toute heure,
Oui, je découvre en vous, et je m'en sens frappé,
Mille dons enchanteurs qui m'avoient échappé.
Votre aimable entretien me touche, m'intéresse.

Mad. EVRARD.

Qu'est-ce qu'un entretien, de grace?... Ah! que seroit-ce
Si je pouvois un jour, Monsieur, à mes transports
Donner un libre cours! J'ose le dire: alors
Combien de qualités vous pourriez reconnoitre,
Que ma position empêche de paroître!

M. DUBRIAGE.

Ah ! je les entrevois, et je devine assez
Tout ce que j'ai perdu... Mais vous me ravissez...
Ai-je pu jusqu'ici négliger tant de charmes ?

Mad. EVRARD.

Si vous saviez combien j'ai dévoré de larmes,
Combien j'ai soupiré, combattu cette ardeur
Qui me tourmente ! Hélas ! la crainte, la pudeur...

M. DUBRIAGE *levé, hors de lui.*

Je n'y puis plus tenir : toute votre personne
Me charme.... C'en est fait...

(On sonne.)

Mad. EVRARD, *laissant échapper un cri.*

Ah, ciel !

M. DUBRIAGE.

Je crois qu'on sonne.

Mad. EVRARD.

Eh bien donc, vous disiez?... Achevez en deux mots.

M. DUBRIAGE.

C'est Ambroise.

Mad. EVRARD, *à part.*

Bon dieu, qu'il vient mal à propos !

SCÈNE V.

3
M. DUBRIAGE, Mad. EVRARD, AMBROISE,
4
LAURE.

M. DUBRIAGE, *à Ambroise.*

Eh bien, qu'est-ce ?

AMBROISE.

Monsieur, c'est une jeune fille,
Sage, laborieuse et d'honnête famille,
Qu'en ce moment je viens vous présenter....

Mad. EVRARD.

Pourquoi?

AMBROISE.

Mais... pour vous soulager, madame Evrard.

Mad. EVRARD.

Qui, moi?
Oh ! je n'ai pas du tout besoin qu'on me soulage :
On ne craint point encor le travail à mon âge.

M. DUBRIAGE.

Oui, sans doute... je crois qu'on peut se dispenser
De prendre cette fille.

AMBROISE.

On ne peut s'en passer ;
Et dans cette maison, quoi qu'en dise Madame,
Il faut absolument une seconde femme,
Pour plus d'une raison. Sans être fort âgés,

Tous deux avons bèsoin d'être un peu ménagés.
Madame Evrard, qui parle, en étoit prévenue.

Mad. EVRARD.

Moi! jamais de ce point je ne suis convenue :
Je vous ai toujours dit : « Attendons, il faut voir ».
Savois-je par hasard qu'elle viendroit ce soir ?

AMBROISE.

Comment l'aurois-je dit? je l'ignorois moi-même.
La Grange m'a servi d'une vîtesse extrême....
Mais qu'elle soit venue un peu plutôt, plus tard,
(*à M. Dubriage.*)
La voici. Vous aurez, j'espère, quelque égard,
Monsieur, pour un sujet qu'en ce logis j'arrête.
Quant à madame Evrard, je la crois trop honnête
(*en regardant fixement madame Evrard.*)
Pour me contrarier en cette occasion.
Si d'avance elle eût fait un peu réflexion....

Mad. EVRARD.

Allons, puisqu'à vos vœux il faut toujours souscrire,
Pour l'amour de la paix, j'aime mieux ne rien dire.
(*à M. Dubriage.*)
Ainsi, Monsieur, voyez...

M. DUBRIAGE.

En effet, je ne vois
Nul inconvénient.... Allons, je la reçois.
(*à part.*)
Je dois quelques égards à l'un ainsi qu'à l'autre.
(*haut.*)
C'est mon affaire au fond beaucoup moins que la vôtre :
Elle est pour vous aider plus que pour me servir.
Je crois qu'elle vous peut seconder à ravir.

AMBROISE, *à Laure.*

Remerciez Monsieur.

LAURE.

Ah ! de toute mon ame.

AMBROISE.

Remerciez aussi madame Evrard.

LAURE.

Madame...

Mad. EVRARD.

Je vous dispense, moi, de tout remercîment.

M. DUBRIAGE.

Cette fille paroît assez bien.

Mad. EVRARD.

Ah, vraiment,

Dès qu'Ambroise la donne !...

M. DUBRIAGE.

Allons, allons, ma chère...

Instruisez-la tous deux de ce qu'elle doit faire ;

(*à part, à lui-même.*)

Et vivons en repos, s'il se peut... A l'égard

De son projet... Eh mais, ma foi, madame Evrard !...

(*Il sort, en regardant avec intérêt madame Evrard, qui feint de n'y pas prendre garde.*)

SCÈNE VI.

2 1 3
AMBROISE, Mad. EVRARD, LAURE,

AMBROISE.

Eh mais, vit-on jamais refus aussi bisarre!
Je suis fort mécontent, et je vous le déclare.

Mad. EVRARD.

(*à Ambroise.*) (*à Laure.*)
Paix donc! Un peu plus loin.

LAURE *à part, en s'éloignant.*

Allons, résignons-nous,

Mad. EVRARD *à Ambroise.*

Eh, j'ai bien plus le droit de me plaindre de vous!
Quelle obstination!

SCÈNE VII.

1
CHARLE, AMBROISE, Mad. EVRARD, LAURE.

CHARLE *de loin, à part.*

Je veux savoir l'issue...

AMBROISE, *à Charle.*

Que voulez-vous?

CHARLE, *embarrassé.*

Je viens... je viens...,

LAURE, *bas à Charle.*

Je suis reçue.

CHARLE, *bas.*

Bon.

AMBROISE.

Vous venez... pourquoi ?

CHARLE.

J'ai cru qu'on m'appelloit.

AMBROISE.

Vous vous êtes trompé.

CHARLE.

Pardonnez, s'il vous plait!

Je me retire.

Mad. EVRARD.

Au fond, ceci prouve son zèle.

(*à Charle.*)

Retournez vers Monsieur, en serviteur fidèle.

CHARLE.

J'y vais.

Mad. EVRARD.

N'oubliez pas ce que je vous ai dit.

CHARLE.

Non, Madame.

(*bas à Laure, au fond du Théâtre.*)

Courage!

(*Il sort.*)

SCÈNE VIII.

Mad. EVRARD, AMBROISE, LAURE *toujours au fond.*

Mad. EVRARD.

Il est tout interdit.

AMBROISE.

Refuser un sujet que j'offre !

Mad. EVRARD.

Belle excuse !
Proposer à Monsieur des gens que je refuse !
Je vous avois prié d'attendre.

AMBROISE.

Quel discours !
En cela, comme en tout, vous remettez toujours.
Je ne veux plus attendre.

LAURE *de loin, à part.*

O ciel, est-il possible !
Ma situation est-elle assez pénible !

Mad. EVRARD.

Par trop d'empressement vous allez tout gâter.

AMBROISE.

Vous allez réussir à m'impatienter.

Mad. EVRARD.

N'en parlons plus,

AMBROISE.

AMBROISE.

Je sors ; j'ai mainte chose à faire.
Il faut que j'aille voir des marchands, le notaire,
Demander de l'argent... Que sai-je... Oh, quel ennui !
Quoi ! s'occuper toujours des affaires d'autrui !

Mad. EVRARD.

Eh, vous vous occupez en même temps des vôtres !

AMBROISE.

Rien n'est plus naturel... Mais dites donc des nôtres.

Mad. EVRARD.

Des nôtres, soit !

AMBROISE *à Laure.*

(*à part.*)

Je sors. Allons, j'ai réussi ;
J'ai si bien fait, qu'enfin cette fille est ici.

(*Il sort.*)

SCÈNE IX.

Mad. EVRARD, LAURE.

Mad. EVRARD *à part.*

Oh, qu'elle me déplaît ! Jeune et jolie encore !...
(*haut, d'un ton sec.*)
Eh bien, vous dites donc que vous vous nommez ?...

LAURE.

Laure.

Mad. EVRARD.

Eh, quel âge avez-vous ?

LAURE.

Pas encor vingt ans.

Mad. EVRARD.

Non!
C'est dommage! Eh, trop jeune... oui, beaucoup trop!

LAURE.

Pardon!
Ce n'est pas ma faute.

Mad. EVRARD.

Ah, c'est la mienne!

A

Madame,
Je ne dis pas cela.

Mad. EVRARD.

Qu'êtes-vous, fille, femme?
Dites.

LAURE.

Qui, moi! Jamais je ne me marierai.

Mad. EVRARD.

Et vous ferez fort bien. Je dois savoir bon gré
A cet Ambroise! Il vient, sans m'avoir prévenue,
Nous amener ici d'emblée une inconnue!

LAURE.

Je me ferai connoître.

Mad. EVRARD.

Il sera tems alors!
Vous pourrez bien avant être mise dehors:

LAURE.

J'ose espérer que non.

Mad. EVRARD.

Tenez, c'est que peut-être
Ambroise avec vous seule a pu faire le maître :
Mais il vous a trompée à coup sûr en ceci,
S'il ne vous a pas dit que je commande ici.

LAURE.

Je sais trop qu'en ces lieux vous êtes la maîtresse.

Mad. EVRARD.

Pourquoi n'est-ce donc pas à moi qu'on vous adresse?
Mais je verrai bientôt si vous me convenez :
Car enfin, c'est à moi que vous appartenez,
Et vous êtes vraiment entrée à mon service.

LAURE.

Soit.

Mad. EVRARD.

Jamais au premier ; tenez-vous à l'office.

LAURE.

J'entends.

Mad. EVRARD.

Ne faites rien sans ma permission.

LAURE.

Jamais.

Mad. EVRARD.

Si l'on vous donne une commission,
Instruisez-m'en toujours, avant que de la faire.

LAURE.

Toujours.

Mad. EVRARD.

Que m'obéir soit votre unique affaire.
Allez m'attendre en bas.

LAURE.

Hélas!

Mad. EVRARD.

Que dites-vous?

LAURE.

J'y vais.

Mad. EVRARD.

Vous raisonnez!... Sortez.

(*Laure sort.*)

SCÈNE X.

Madame EVRARD *seule.*

Elle a l'air doux,
Et semble assez docile... Eh, qui peut s'y connoître?
La peste soit d'Ambroise! Il fait ici le maître...
Et cependant il faut encor le ménager.
Patience! avant peu, tout cela peut changer.
Si j'épouse une fois Monsieur, me voilà forte;
Une heure après l'hymen, ils sont tous à la porte.

FIN DU TROISIÈME ACTE.

ACTE IV.

SCÈNE PREMIÈRE.

M. DUBRIAGE *seul, s'avance en rêvant.*

Cet entretien toujours me revient à l'esprit.
Je ferois bien, je crois,... oui, cet hymen me rit.
Cette madame Evrard est tout-à-fait aimable ;
Elle est très-fraiche encor, sa taille est agréable ;
Elle a les yeux fort beaux ; et ses soins caressans,
Tendres, réchaufferoient l'hiver de mes vieux ans.
Elle est d'ailleurs honnête et douce comme un ange...
Mais mon neveu?.. Ma foi, que mon neveu s'arrange !
Faudra-t-il consulter ses neveux ! Après tout,
Je puis l'abandonner, quand il me pousse à bout.

(*rêvant de nouveau.*)

C'est qu'il est marié ; bientôt il sera père ;
Et ses nombreux enfans seront dans la misère...
C'est sa faute : pourquoi s'être ainsi marié !
D'ailleurs par mon hymen sera-t-il dépouillé ?
Je puis faire à ma femme un honnête avantage...
Mais, à l'âge que j'ai, songer au mariage !...
Dieu sait comme chacun va rire à mes dépens !
Que résoudre ! Je suis indécis, en suspens...
Voici Charle : à propos le hazard me l'amène.

SCENE II.

M. DUBRIAGE, CHARLE.

M. DUBRIAGE.

Un mot, Charle.

CHARLE.

J'accours.

M. DUBRIAGE.

Tu me vois dans la peine.

CHARLE.

Vous, Monsieur!

M. DUBRIAGE.

Oui, je suis dans un grand embarras,
Sur un point qu'à coup sûr tu ne devines pas.

CHARLE.

Lequel?

M. DUBRIAGE.

Moi, qui jamais n'ai voulu prendre femme,
Croirois-tu qu'à présent, dans le fond de mon ame,
J'aurois quelque penchant à former ce lien?

CHARLE.

Pourquoi pas! Je crois, moi, que vous ferez fort bien!

M. DUBRIAGE.

Vraiment!

CHARLE.

Oui. Quoi de plus naturel, je vous prie,

Que de vous attacher une femme chérie
Qui partage vos goûts, vos plaisirs, vos secrets!
Si cet hymen étoit l'objet de vos regrets,
Monsieur, que votre cœur enfin se satisfasse.

M. DUBRIAGE.

Tu ne me blâmes point!

CHARLE.

Eh, pourquoi donc, de grace!
Je ne desire, moi, que de vous voir heureux.

M. DUBRIAGE.

Bon Charle!.. En vérité, je suis... presque amoureux,
Non d'une jeune enfant, mais d'une femme faite,
Aimable encor pourtant, à mille égards parfaite,
Une compagne enfin, avec qui de mes jours
Tranquillement, vois-tu, j'acheverai le cours.
Madame Evrard...

CHARLE.

Eh quoi, madame Ev...!

M. DUBRIAGE.

Elle-même.
Eh, d'où vient donc, mon cher, cette surprise extrême?

CHARLE.

Ma surprise?

M. DUBRIAGE.

Oui; j'ai vu ton soudain mouvement:
Tu m'as paru saisi d'un grand étonnement.
A ton avis, j'ai tort de l'épouser peut-être?

CHARLE.

Monsieur.... assurément... vous en êtes le maître.

M. Dubriage.

Non : tu viens de piquer ma curiosité :
Explique-toi.

Charle.

Qui, moi?

M. Dubriage.

Toi-même.

Charle.

En vérité,
Monsieur, tant de bonté ne sert qu'à me confondre.
Dans la place où je suis, je ne puis vous répondre.

M. Dubriage.

Tu blâmes cet hymen, oh, oui, je le vois bien!
Tu veux dire par-là...

Charle.

Monsieur, je ne dis rien.

M. Dubriage.

On en dit quelquefois beaucoup plus qu'on ne pense;
Ainsi de t'expliquer, Charle, je te dispense;
Car, moi-même, aussi bien je m'étois déjà dit
Ce que tu me voudrois faire entendre. Il suffit,
N'en parlons plus. Tu peux me rendre un bon office.

Charle.

Trop heureux, Monsieur! Charle est à votre service;
Vous n'avez qu'à parler.

M. Dubriage.

Je songe à ce neveu,
Ou plutôt à sa femme; et, je t'en fais l'aveu,
Son sort me touche. Elle est peut-être sans ressource.

Je n'ai que cent louis, comptés dans cette bourse :
Je voudrois, s'il se peut, les lui faire passer.
Ils habitent Colmar. Comment les adresser ?
Car; en tout ceci, moi, je ne veux point paroître.
Toi, Charle, par hazard, si tu pouvois connoître
A Colmar...

CHARLE.

J'y connois quelqu'un précisément.

M. DUBRIAGE.

Cet ami pourra-t-il trouver la femme Armand ?
Car elle est peu connue.

CHARLE.

Il le pourra, je pense.

M. DUBRIAGE.

Tiens, prends.

CHARLE.

Mais non : plutôt que de prendre d'avance,
Il vaut mieux m'informer de tout ceci, je croi.
Alors...

M. DUBRIAGE.

Soit. J'ai bien fait de m'adresser à toi.

CHARLE.

Oui.

M. DUBRIAGE.

Du fils de ma sœur, après tout, c'est la femme.
Lui-même je l'ai plaint dans le fond de mon ame :
Je le traite encor mieux qu'il ne l'eût mérité.
Je l'aurois mille fois déjà déshérité,
Si j'eusse voulu croire à certaines personnes !....
Que, sans te les nommer, peut-être tu soupçonnes.

CHARLE.

Oui, je crois...

M. DUBRIAGE.

Mais, malgré mes griefs contre Armand,
Je répugnai toujours à faire un testament :
Je ne sais... de tout temps je m'en suis fait scrupule.
Je trouve un testament injuste et ridicule.
Disposer de ses biens en mourant, c'est vouloir
Au-delà de sa vie étendre son pouvoir.
Que l'on donne ses biens, soit; alors on s'en prive :
Mais être généreux, lorsque la mort arrive!...
On ouvre un testament; ces premiers mots sont lus :
» Je veux »... On dit encor *je veux*, quand on n'est plus!
Ma fortune, dit-on, est le fruit de mes peines...
Mais ces peines... que sai-je... eussent été bien vaines,
Si mon oncle, en mourant, ne m'eût laissé ses biens.
A mon neveu de même il faut laisser les miens :
Qu'il les recueille donc; et puis, s'il en abuse,
Tant pis pour lui : mais, moi, je serois sans excuse,
Si j'allois l'en priver. Vivant, je l'ai puni;
C'en est assez : je meurs; mon courroux est fini,
N'est-ce pas?

CHARLE.

Moi, Monsieur, sur une telle affaire,
Je ne puis, je le sens, qu'écouter et me taire.

M. DUBRIAGE.

Ah ça, tu promets donc de faire comme il faut
Cette commission?

CHARLE.

Oui, Monsieur, et plutôt
Que vous ne pouvez croire : et même je vous quitte,

Afin de m'en aller occuper tout de suite.

M. DUBRIAGE.

Bon enfant !

(*Charle sort.*)

SCENE III.

M. DUBRIAGE, LAURE.

M. DUBRIAGE *seul.*

Ce garçon soulage mes ennuis :
C'est un besoin pour moi dans l'état où je suis.

LAURE *de loin, à part.*

Je tremble à son aspect... Dieu, fais que je lui plaise !
(*haut, en s'avançant.*)
Monsieur....

M. DUBRIAGE.

Ah, mon enfant, c'est vous ! j'en suis bien aise...
Je ne suis point fâché de causer avec vous.

LAURE.

Moi-même j'épiois un moment aussi doux.
Il est bien naturel que l'on cherche son maître,
Pour le voir, lui parler, se faire enfin connoître.

M. DUBRIAGE.

Vous ne pouvez, je crois, qu'y gagner.

LAURE.

Ah, Monsieur !...

M. DUBRIAGE.

Non, c'est que vous avez le ton de la candeur,
L'air sage...

LAURE.

Ce n'est pas vertu chez une femme :
C'est devoir.

M. DUBRIAGE.

Il est vrai : j'aime à vous voir dans l'ame
Ces principes d'honneur, cette élévation.

LAURE.

C'est l'heureux fruit, Monsieur, de l'éducation :
Je le garde avec soin ; c'est mon seul héritage.

M. DUBRIAGE.

Oui, c'est un vrai trésor qu'un pareil avantage...
Vous devez donc le jour à d'honnêtes parens ?

LAURE.

Honnêtes, oui, Monsieur ; mais non pas dans le sens
Que lui donnoit l'orgueil ; dans le sens véritable.
Mes père et mère étoient un couple respectable,
Placé dans cette classe où l'homme dédaigné
Mange à peine un pain noir de ses sueurs baigné,
Où, privé trop souvent d'un bien mince salaire,
Un ouvrier utile est nommé *mercenaire*,
Quand on devroit benir ses travaux bienfaisans :
Mes parens, en un mot, étoient des artisans.

M. DUBRIAGE.

Artisans ! croyez-vous qu'un riche oisif les vaille ?
Le plus homme de bien est celui qui travaille.
Poursuivez.

LAURE.

Chaque soir, aux heures de loisirs,
A me former le cœur ils mettoient leurs plaisirs.
Leurs préceptes étoient simples comme leur ame.
« Crains Dieu, sers ton prochain et sois honnête femme »...

C'étoient-là leurs seuls mots qu'ils répétoient toujours.
Leur exemple parloit bien mieux que leurs discours.
Ils sembloient pressentir, hélas ! leur fin prochaine.
Depuis qu'ils ne sont plus, j'ai bien eu de la peine ;
Mais j'ai toujours trouvé dans l'occupation
Subsistance à la fois et consolation.

M. DUBRIAGE.

Je vois que vos parens vous ont bien élevée.
Quoi, de tous deux déjà vous êtes donc privée !

LAURE.

Un cruel accident tout-à-coup m'a ravi
Mon père, et de bien près ma mère l'a suivi.

M. DUBRIAGE.

Perdre ainsi ses parens, de tels parens encore...!
Car, sans les avoir vus, tous deux je les honore...
Ma fille, je vous plains.

LAURE.

Quel excès de bonté,
Monsieur !... Le ciel pourtant ne m'a pas tout ôté :
Il me reste un ami, mais un ami solide,
Qui m'a jusqu'à Paris daigné servir de guide.

M. DUBRIAGE.

Vous êtes de province ?

LAURE.

Oui, de bien loin : aussi
J'ai mis dix jours entiers pour venir jusqu'ici.

(*On entend une voix du dehors, appellant.*)

« Laure ! Laure » !

LAURE.

Je crois qu'on m'appelle.

M. DUBRIAGE.

N'importe.

Pour vous expatrier, mon enfant, de la sorte,
Sans doute vous aviez un motif, un objet?

LAURE.

Oh, oui, Monsieur! voici quel en est le sujet:
L'ami dont je parlois, le seul que j'aie au monde,
Et sur qui désormais tout mon bonheur se fonde,
A dans la capitale un très-proche parent:
Il m'en parloit sans cesse, et toujours en pleurant.
« Oui, me dit-il un jour, vous êtes vertueuse,
» Jeune, douce, sur-tout vous êtes malheureuse;
» Il doit vous secourir; oui, je vous le promets ».
Je le crus: mon ami ne me trompa jamais.
Je partis avec lui, croyant suivre mon frère,
Regrettant peu des lieux où n'étoit plus ma mère.
Après dix jours de marche enfin nous arrivons.

M. DUBRIAGE.

Eh bien?...

LAURE.

Mais quel accueil, ô ciel, nous éprouvons!

M. DUBRIAGE.

Il vous auroit reçue avec indifférence?

LAURE.

Ah, Monsieur, nous aurions encor quelque espérance,
S'il avoit seulement voulu nous recevoir!

M. DUBRIAGE.

Quoi! ce proche parent....

LAURE.

N'a pas daigné nous voir.

M. Dubriage.

Que dites-vous! cet homme a donc un cœur de roche?...

Laure.

Ce n'est pas le moment de lui faire un reproche.
Non, il n'est point cruel; il est humain et bon;
Et sans des étrangers maîtres de la maison...

M. Dubriage.

Il est bon, dites-vous? Eh, c'est foiblesse pure!
Rien doit-il, rien peut-il étouffer la nature?
Je veux voir ce parent: ensemble nous irons.
Cet homme est inflexible, ou nous l'attendrirons.

Laure.

Ah! Monsieur, je commence à le croire possible.
Je me flatte en effet qu'il n'est point insensible:
Et, fût-il contre nous encore plus aigri,
Oui, nous l'attendrirons: je vous vois attendri!

M. Dubriage, *voy[illegible]t venir mad. Evrard.*

Chut!

SCÈNE IV.

1 3 2
M. DUBRIAGE, LAURE, Mad. EVRARD.

Mad. Evrard *de loin, à part.*

Encor là!

M. Dubriage, *un peu embarrassé, à mad. Evrard.*

C'est vous! quel sujet vous amène,
Madame?...

Mad. EVRARD.

Je le vois, ma présence vous gêne.

M. DUBRIAGE.

Pourquoi ?

Mad. EVRARD.

Que sais-je enfin... Mais c'est moi qui pourrois
Vous demander quels sont les importans secrets
Que vous confie encore ici Mademoiselle.
Depuis une heure au moins, vous causez avec elle.
Cette affectation ne me plaît pas du tout....
Non, ces mystères-là ne sont point de mon goût.

M. DUBRIAGE, *d'un ton foible.*

J'aime à l'entretenir : ne suis-je pas le maître ?...
Et puis j'étois bien aise enfin de la connoître.
Je ne m'en repens pas.

Mad. EVRARD.

Oui, je vois que d'abord
Sa conversation vous intéresse fort.

M. DUBRIAGE.

Je l'avoue, et vraiment vous en seriez surprise.

Mad. EVRARD.

Fort bien ; mais ce n'est pas pour causer qu'on l'a prise.

M. DUBRIAGE.

Soit. Elle me parloit de l'éducation...

Mad. EVRARD.

Eh ! ce n'est pas cela dont il est question.
(*à Laure.*)
Descendez à l'instant.

LAURE.

Que faut-il que je fasse ?

Mad. EVRARD.

Marthe va vous le dire. Allez donc.

(*Laure sort.*)

SCÈNE V.

M. DUBRIAGE, Mad. EVRARD.

M. DUBRIAGE.

AH! de grace,

Parlez-lui doucement : elle est timide.

Mad. EVRARD.

Bon!

M. DUBRIAGE.

Elle paroît sensible.

Mad. EVRARD.

Eh! qui vous dit que non?...

(*se radoucissant.*)

D'ailleurs, à votre avis, suis-je donc si méchante?

M. DUBRIAGE.

Non... mais c'est que vraiment elle est intéressante;
Elle a....

Mad. EVRARD.

De la douceur peut-être, j'en convien....
Mais rappellons, Monsieur, cet aimable entretien,
Ces mots charmans qu'alloit exprimer votre bouche.

M. DUBRIAGE.

Ce n'est pas seulement sa douceur qui me touche;

C'est qu'elle a de la grace, un choix de termes purs:
Sur-tout de la sagesse et des principes sûrs.

Mad. EVRARD.

Oui, je le crois... Tantôt, ou je me suis trompée,
Ou d'un grand mouvement votre ame étoit frappée.

M. DUBRIAGE.

Cette fille a vraiment un mérite accompli.

Mad. EVRARD.

Vous ne parlez que d'elle, et semblez tout rempli.....
Un moment vous a-t-il fait perdre la mémoire
Des discours de tantôt?

M. DUBRIAGE.

Oh, non: pouvez-vous croire...?
Je vous suis attaché... Mais quoi! les mots touchans
De cette enfant....

Mad. EVRARD.

Encor! c'est se moquer des gens.

M. DUBRIAGE.

Vous prenez de l'humeur.

Mad. EVRARD.

Oui, je m'impatiente
De voir que vous parlez toujours d'une servante.

M. DUBRIAGE.

C'est qu'elle est au-dessus vraiment de son état;
Elle a je ne sais quoi de doux, de délicat...

Mad. EVRARD.

Oh, c'en est trop! S'il faut dire ce que j'en pense,
Cette fille me blesse et me déplait d'avance.

M. DUBRIAGE.

Eh, pourquoi?

Mad. EVRARD.

Je ne sais... mais elle me déplaît:
Je vous dis nettement la chose comme elle est.
Elle n'est bonne à rien, d'ailleurs, à rien qui vaille;
Et je crois qu'il vaut mieux d'abord qu'elle s'en aille.

M. DUBRIAGE.

Qu'elle s'en aille! Qui, Laure?

Mad. EVRARD.

Oui.

M. DUBRIAGE.

Vous plaisantez!

Mad. EVRARD.

Moi, point du tout!

M. DUBRIAGE.

Comment!...

Mad. EVRARD.

Ainsi vous hésitez,
Et vous me préférez la première venue,
Qu'à peine en ce moment vous connoissez de vue!

M. DUBRIAGE.

Non. Mais quoi, je ne puis chasser ainsi!...

Mad. EVRARD.

Fort bien!
C'est votre dernier mot!... Et moi, voici le mien:
Il faut que sur le champ l'une de nous deux sorte.

M. DUBRIAGE.

Eh quoi, pouvez-vous bien me parler de la sorte!

Mad. EVRARD.

Vous-même, entre nous deux, pouvez-vous balancer!

M. DUBRIAGE

Mais je puis vous chérir, et ne point la chasser.

Mad. EVRARD.

Non, Monsieur : chassez Laure, ou bien...

M. DUBRIAGE.

Quelle rudesse!

Mad. EVRARD.

Qu'elle sorte, ou je sors.

M. DUBRIAGE, *en colère.*

Vous êtes la maîtresse,
Mais elle restera.

Mad. EVRARD.

Plait-il!

M. DUBRIAGE.

Oui, sur ce ton
Puisque vous le prenez, je la garde.

Mad. EVRARD.

Pardon,
Monsieur! Mais...

M. DUBRIAGE.

Non. J'entends qu'ici Laure demeure.
Si cela vous déplait, sortez... à la bonne heure :
Voilà mon dernier mot.

(*Il sort très en colère.*)

SCÈNE VI.

Mad. EVRARD *seule.*

L'AI-JE bien entendu?
Est-ce donc là Monsieur!... Comment, j'aurois perdu
En ce fatal instant le fruit de dix années...
Quand je touche au moment de les voir couronnées!
(*après un moment de repos.*)
Il m'a dit tout cela dans un premier transport
Qui pourra se calmer... N'importe; j'ai grand tort.
Menacer, m'emporter, quelle imprudence extrême!
J'en avertis Ambroise, et j'y tombe moi-même!
S'il en est temps encor, revenons sur nos pas.

SCÈNE VII.

Mad. EVRARD, CHARLE.

Mad. EVRARD.

MON ami Charle!...

CHARLE.

Eh bien?

Mad. EVRARD.

Ah, vous ne savez pas...
Avec Monsieur je viens d'avoir une querelle!

CHARLE.

Quoi, vous! A quel propos, Madame?

Mad. EVRARD.

A propos d'elle,

De Laure.

CHARLE.

Est-il possible !

Mad. EVRARD.

Eh, sans doute ! Jai dit

Qu'il falloit qu'à l'instant l'une de nous sortît.
Mais point du tout ; Monsieur, qui la protège et l'aime,
M'a dit... (le croiriez-vous?) «Eh bien sortez vous-même».
Et là-dessus il est rentré fort en courroux.

CHARLE.

Vous m'étonnez ! Aussi, comment le fâchez-vous !
Monsieur est bon maitre ; oui, mais enfin c'est un maitre.

Mad. EVRARD.

J'en conviens, mon ami, j'ai quelque tort peut-être,
Mais cette fille enfin me choque et me déplait.

CHARLE.

Quel est son crime au fond ? Que vous a-t-elle fait ?
Monsieur accepte Laure ; il paroît content d'elle :
Et vous le tourmentez pour une bagatelle !

Mad. EVRARD.

Le mal est fait : voyons, comment le réparer ?

CHARLE.

Aisément de ce pas vous saurez vous tirer.
Une fois de Monsieur quand vous serez l'épouse,
De Laure assurément vous serez peu jalouse.

Mad. EVRARD.

A cet hymen tantôt j'ai cru le disposer :
Mais voici que tout change. Avant de l'épouser,

Il faut donc qu'avec lui je me réconcilie.

CHARLE.

J'entends bien.

Mad. EVRARD.

Aidez-moi, mon cher, je vous supplie.

CHARLE.

Vous n'avez pas besoin du tout de mon secours ;
Et vous seule...

Mad. EVRARD.

O mon cher, secondez-moi toujours...
Il revient déjà?.. Bon !

CHARLE.

Il rêve, ce me semble.

Mad. EVRARD.

Tant mieux ! J'espère encor...
(*Charle sortant.*)
Bon ! Laissez-nous ensemble.
(*seule.*)
Voyons.
(*Elle se tient à l'écart, et s'assied accoudée sur une table.*)

SCÈNE VIII.

M. DUBRIAGE, Madame EVRARD.

M. DUBRIAGE *se croyant seul.*

PERSONNE ici !.. Je suis bien malheureux !
Je suis bon à mes gens, et je fais tout pour eux ;
Je suis leur père... eh bien, voyez la récompense !..
Madame Evrard aussi !... Cependant, quand j'y pense,

Moi, j'ai pris feu peut-être un peu légèrement.

(*Madame Evrad tire vîte son mouchoir et s'en couvre le visage comme pour essuyer ses larmes.*)

Cette femme est sensible; et véritablement
C'est la première fois qu'elle s'est emportée...
Je le confesse, oh oui, je l'ai trop maltraitée!

Mad. EVRARD *éclatant en sanglots.*

Oui, sans doute.

M. DUBRIAGE.

Ah, c'est vous, bonne madame Evrard!

Mad. EVRARD *levée, sanglotant toujours.*

Moi-même, dont, hélas! sans pitié, sans égards,
Vous avez déchiré l'ame sensible et tendre.
A ce traitement-là j'étois loin de m'attendre,
Après dix ans de soins de tendresse...

M. DUBRIAGE.

En effet,
Moi-même je ne sais comment cela s'est fait.

Mad. EVRARD.

Après ce coup, je puis supporter tout au monde:
Et dans une retraite ignorée et profonde...

M. DUBRIAGE.

Quoi, vous songez encore à ce qui s'est passé?

Mad. EVRARD.

Jamais le souvenir n'en peut être effacé.

M. DUBRIAGE.

Que dites-vous, Madame! Oublions, je vous prie,
Cette petite scène, et plus de brouillerie.

Mad. EVRARD.

Ah, Monsieur, je vois bien que vous ne m'aimez plus !
Je ferois désormais des efforts superflus...

M. DUBRIAGE.

Eh, non, madame Evrard ! Je suis toujours le même ;
Toujours, plus que jamais, croyez que je vous aime.

Mad. EVRARD.

Si vous m'aimiez un peu, pourriez-vous me chasser ?

M. DUBRIAGE.

Avez-vous pu vous-même ainsi me menacer ?
Nous sommes vifs tous deux... Allons, point de rancune
De part et d'autre ; moi, je n'en conserve aucune :
Vous non plus, n'est-ce pas ?

Mad. EVRARD.

Tenez, Monsieur, je crains
Que Laure ne nous donne ici quelques chagrins.

M. DUBRIAGE.

Ah, pouvez-vous le craindre ! Elle en est incapable :
Tout annonce qu'elle est, et douce et raisonnable.
Vous en serez contente, allez, je vous promets.

Mad. EVRARD.

Vous tenez donc beaucoup à cette fille ?

M. DUBRIAGE.

Eh mais,
Ambroise l'a donnée ; et c'est lui faire injure
Que de la renvoyer ! Ainsi, je vous conjure,
N'en parlons plus ; cessez d'insister sur ce point :
Sur-tout, madame Evrard, ne m'abandonnez point.

Mad. EVRARD.

J'en avois fait le vœu ; mais depuis cette affaire,
Je ne sais trop....

M. DUBRIAGE.

Comment, vous balancez, ma chère!
Je vous en prie.

Mad. EVRARD.

Allons : c'en est fait ; je me rends.

M. DUBRIAGE.

Charmante femme !

SCENE IX.

M. DUBRIAGE, Mad. EVRARD, AMBROISE, LAURE.

AMBROISE.

Eh bien, qu'est-ce donc que j'apprends!
Madame Evrard menace, et veut que Laure sorte !
Oh ! je déclare....

M. DUBRIAGE.

Allons, le voilà qui s'emporte,
Comme à son ordinaire !

Mad. EVRARD.

Oui, nous sommes d'accord ;
Vous serez satisfait, et personne ne sort.

(*Elle sort.*)

SCÈNE X.

3 2 4
M. DUBRIAGE, AMBROISE, LAURE.

AMBROISE.

ELLE rit : par hasard, seroit-ce moi qu'on joue ?

M. DUBRIAGE.

Eh, non ! nous avons eu tous deux, je te l'avoue,
Même au sujet de Laure, un petit démêlé ;
Mais il n'y paroît plus. En maître j'ai parlé :
Laure nous reste.

AMBROISE.

Ah, bon.

M. DUBRIAGE.

Moi, j'aime cette fille :
Je la garde.

LAURE.

Monsieur..!

AMBROISE.

Elle est douce et gentille,
N'est-ce pas ?

M. DUBRIAGE.

Mais elle est bien mieux que tout cela ;
On n'a pas plus d'esprit, de raison qu'elle en a.

AMBROISE.

Oh, j'en étois bien sûr quand je vous l'ai donnée ;
Sans quoi, je n'aurois pas....

M. Dubriage.

C'est qu'elle est très-bien née;
J'entends bien élevée. Il ne tiendra qu'à vous,
Laure, d'être long-temps... mais toujours avec nous.

Laure.

Ah ! Mon.... Monsieur, croyez que ma plus chère envie
Est de pouvoir ici passer toute ma vie.

Ambroise.

Oh ! vous y resterez, en dépit qu'on en ait :
C'est moi qui vous... je dis Monsieur vous le promet.
(*Il sort.*)

SCÈNE XI.

M. DUBRIAGE, LAURE.

M. Dubriage.

Oui, je vous le promets. Ne craignez rien, ma chère :
Mais à madame Evrard tâchez pourtant de plaire....
Je songe à ce parent; je voudrois voir aussi
Cet ami de province, avec lequel ici
Vous êtes arrivée.

Laure.

Ah ! qu'il aura de joie,
Si vous daignez, Monsieur, permettre qu'il vous voie !

M. Dubriage.

J'en augure très-bien, puisque vous l'estimez.
Est-il jeune ?

LAURE.

Oui, Monsieur...

M. DUBRIAGE.

Ah, jeune !... Vous l'aimez?

LAURE, *simplement.*

Oui, Monsieur : en l'aimant, j'obéis à ma mère.
« Aime-la, lui dit-elle en mourant, sois son frère ».
Il le promit : depuis il a tenu sa foi ;
Père, ami, protecteur, guide, il est tout pour moi.

M. DUBRIAGE.

Ce jeune homme à mes yeux est vraiment estimable ;
Et son cruel parent?....

LAURE.

Peut-être est excusable ;
Car il ne connoît point mon ami : mais enfin
Il se fera connoître ; et ce n'est pas en vain
Que nous serons venus du fond de notre Alsace...

M. DUBRIAGE.

D'Alsace ! dites-vous... De quel endroit, de grace ?

LAURE.

De Colmar.

M. DUBRIAGE.

De Colmar !

LAURE.

Oui, Monsieur...

M. DUBRIAGE.

Dites-moi,
Vous avez à Colmar garnison, que je crois ?

LAURE.

Oui, Monsieur...

M. DUBRIAGE.

Je connois quelqu'un dans cette ville,
Un soldat : mais comment démêler entre mille..?
Après tout, que sait-on.... Il se nommoit Armand...

LAURE.

Je le... connois.

M. DUBRIAGE.

Ah, ah ! par quel hasard, comment?....

LAURE.

Par un hasard, Monsieur, qui jamais ne s'oublie.
Ce jeune homme à mon père avoit sauvé la vie :
Jugez si le sauveur d'un père, d'un époux,
Devoit avec transport être accueilli de nous !
L'estime se joignit à la reconnoissance.
Nous vîmes qu'il étoit d'une honnête naissance,
Plein de cœur et d'esprit, brave et zélé soldat,
Comme s'il eût par goût embrassé cet état,
Et pourtant doux, honnête.

M. DUBRIAGE, *à lui-même.*

Oh, oui... le bon apôtre!

(*à Laure.*)
C'est assez ; je vois bien que vous parlez d'un autre.

LAURE.

Cet Armand-là, Monsieur, n'est pas le vôtre.

M. DUBRIAGE.

Oh, non!
Le mien, qui ne ressemble au vôtre que de nom,
Est un mauvais sujet, sans raison, sans conduite,
Qui s'enfuit un beau jour, et s'engage par suite,
Puis se marie, épouse une fille de rien,
Dont le moindre défaut fut de naître sans bien,

Qui menoit une vie avant son mariage...!

LAURE, *très-vivement.*

Monsieur, rien n'est plus faux; je réponds qu'elle est sage.
Elle s'est, je l'avoue, éprise d'un soldat,
Mais estimable, honnête, ainsi que son état :
Elle le vit, l'aima du vivant de son père;
Il lui fut accordé par sa mourante mère :
Elle l'aime; il l'adore, et jusques aujourd'hui
Elle a toujours vécu sagement avec lui.
Ce qu'on a pu vous dire est un mensonge infame :
Oui, l'épouse d'Armand est une honnête femme.

M. DUBRIAGE.

Mais vous la défendez...!

LAURE.

C'est moi que je défends.

M. DUBRIAGE.

C'est vous !...

LAURE, *toujours en colère.*

Eh, oui, je suis cette femme d'Armand !

M. DUBRIAGE.

Quoi ! vous seriez....

LAURE, *à part, revenant à elle.*

O ciel ! je me trahis moi-même.

M. DUBRIAGE.

Vous, ma nièce, bon Dieu !... Ma surprise est extrême.

LAURE, *aux genoux de M. Dubriage.*

Oui, Monsieur, vous voyez cette triste moitié
D'un neveu malheureux trop digne de pitié.
Moi-même à vos genoux je suis toute tremblante,
Et votre seul aspect me glace d'épouvante.

M. DUBRIAGE.

Relevez-vous, Madame, et calmez vos esprits.
Tantôt de votre air doux, de vos graces épris,
Je vous trouvois aimable, et vous l'êtes encore.
Repousser une nièce, ayant accueilli Laure!
Ce seroit à la fois être injuste et cruel.
Votre époux à mes yeux n'est pas moins criminel.
Mais quoi! s'il m'a manqué, vous n'êtes point coupable,
Et votre sort déjà n'est que trop déplorable,
D'être la femme d'un...

LAURE.

Ah! soyez généreux.
C'est mon époux; il est absent et malheureux.

SCÈNE XII.

M. DUBRIAGE[2], LAURE[1], CHARLE[3].

M. DUBRIAGE.

Ah, Charle, conçois-tu les transports de mon ame!
Voilà ma nièce.

CHARLE.

O ciel, se pourroit-il! Madame
Seroit....?

M. DUBRIAGE.

C'est au hasard que je dois cet aveu.
Ma nièce, te dis-je, oui, femme de ce neveu
Dont je parlois tantôt, qui m'a fait tant de peine.
Mais pour elle, après tout, je ne sens nulle haine;

Et

Et d'abord sur ce point j'ai su la rassurer.

CHARLE, *se ranimant.*

Ah, Monsieur, est-il vrai! je n'osois l'espérer...
Si vous saviez quelle est en ce moment ma joie!
Eh quoi! le ciel enfin permet donc que je voie
A vos côtés quelqu'un qui vous touche de près....
Presque un enfant!... voilà ce que je desirois.

M. DUBRIAGE.

Charle, je suis sensible à ces marques de zèle.
(*à Laure.*)
C'est un digne garçon, un serviteur fidèle,
Qui m'aime tout-à-fait, qui me sert d'amitié.

CHARLE.

Dans vos chagrins, Monsieur, si je fus de moitié,
J'ai droit de partager aussi votre allégresse:
Car vous avez sans doute, en voyant une nièce,
Dû sentir une vive et douce émotion.

M. DUBRIAGE.

Je ne m'en défends point: mais cette impression
Par d'amers souvenirs est bien empoisonnée.
Cette nièce, par qui m'a-t-elle été donnée?
Par un ingrat qui m'a mille fois outragé....
(*à Laure.*)
Je vous fais de la peine, et j'en suis affligé;
Mais mon cœur ne se peut contenir davantage.

LAURE.

Hélas! continuez, si cela vous soulage.

CHARLE.

Moi, je ne puis juger que par ce que je vois;
Et je vois que du moins il a fait un bon choix.

M. DUBRIAGE.

De sa part en effet un tel choix est étrange.

LAURE.

Epargnez mon époux, ou trève à la louange.

CHARLE.

Oui, ce discernement, Monsieur, lui fait honneur,
Prouve qu'il est honnête, et qu'il a dans le cœur
Le goût de la vertu : c'est un grand point sans doute.

M. DUBRIAGE.

C'est assez.

CHARLE.

Un seul mot encor.

M. DUBRIAGE.

Eh bien, j'écoute.

CHARLE.

Il ne m'appartient pas de le justifier :
Mais, au moins, des rapports il faut se défier.
De ce pauvre neveu l'on vous peignoit la femme
Sous d'affreuses couleurs; et vous voyez Madame !

M. DUBRIAGE.

Oui, parlons de la nièce, et laissons le neveu.
(*se reprenant.*)
Mais j'ai fait devant Charle un indiscret aveu :
Du premier mouvement je n'ai point été maître ;
Mon ami, gardez-vous de rien faire paroître.

CHARLE.

Ah ! Monsieur... cependant il faudra tôt ou tard...

M. DUBRIAGE.

Il n'importe, mon cher ; avec madame Evrard

J'ai des ménagemens à garder : et vous, Laure,
Rejoignez-la, sachez dissimuler encore.

LAURE.

Oui, mon oncle.

M. DUBRIAGE.

Fort bien !
(*avec tendresse, après une petite pause.*)
D'un malheureux neveu
Je vois, ma chère enfant, que vous me tiendrez lieu.

LAURE.

Cher oncle, ce neveu que votre haine accable....
Pardonnez... à vos yeux il est donc bien coupable ?

M. DUBRIAGE.

S'il l'est, l'ingrat !... Tenez... de grace... sur ce point,
Expliquons-nous d'avance, et ne nous trompons point.
Une fois reconnue, et même avec tendresse,
Peut-être espérez-vous, par vos soins, votre adresse,
Pour votre époux bientôt obtenir le pardon ;
Vous vous trompez. Je puis être juste, être bon
Pour vous, aimable, douce, en un mot, innocente,
Sans qu'à revoir Armand de mes jours je consente.
Vous m'entendez, ma nièce : ainsi donc, voulez-vous
Rester ici ? jamais un mot de votre époux,
Pas un.

LAURE.

J'obéirai, Monsieur, quoi qu'il m'en coûte.

M. DUBRIAGE.

Il en coûte à mon cœur pour vous blesser sans doute ;
Mais il le faut : je veux vivre et mourir en paix.
Me le promettez-vous ?

LAURE.

Oui, je vous le promets,
Mon cher oncle.

M. DUBRIAGE.

Fort bien : mais descendez, vous dis-je.

LAURE.

J'y vais.

M. DUBRIAGE, *à part.*

C'est à regret, hélas ! que je l'afflige.
(*haut.*)
Suis-moi, Charle.

(*Il sort.*)

SCENE XIII.

LAURE, CHARLE.

CHARLE, *bas à Laure.*

Courage ! espérons tout du Ciel :
Te voilà reconnue, et c'est l'essentiel.

(*Tous sortent.*)

FIN DU QUATRIÈME ACTE.

ACTE V.

SCÈNE PREMIÈRE.

CHARLE [2], GEORGE [1].

CHARLE.

Non, vous avez beau dire, et plutôt que plus tard,
Il faut brouiller Ambroise avec madame Evrard :
Je vais donc le trouver, et lui faire connoître
Que sa future aspire à la main de son maître.

CHARLE.

C'est trahir un secret.

GEORGE.

Bon ! il est bien permis
De chercher à brouiller entr'eux ses ennemis.
Ambroise, à ce seul mot, va s'emporter contre elle.
Il en doit résulter une bonne querelle :
Et tant mieux ! j'aime à voir quereller les méchans ;
C'est un repos du moins pour les honnêtes gens....
Laissez faire.

(*Il sort.*)

SCÈNE II.

CHARLE, *seul.*

Quel zèle à me rendre service !
Quel ami ! Le méchant peut trouver un complice ;

Mais il n'est ici bas, et le Ciel l'a permis,
Que les honnêtes gens qui puissent être amis.

SCÈNE III.

Mad. EVRARD, CHARLE.

Mad. EVRARD.

Ah ! Charle, ah ! mon ami, savez-vous la nouvelle,
La découverte affreuse ?....

CHARLE.

Affreuse ! eh, quelle est-elle,
Madame ?

Mad. EVRARD.

Cette Laure est femme du neveu...

CHARLE.

Comment ?...

Mad. EVRARD.

Eh oui ! l'on vient de m'en faire l'aveu
A l'instant.

CHARLE.

Bon ! Qui donc a pu....?

Mad. EVRARD.

Monsieur lui-même ;
Et ce n'a pas été sans une peine extrême.
Je l'ai vu tout à coup distrait, embarrassé ;
Car j'ai le coup-d'œil sûr ; et je l'ai tant pressé,
(A cet âge, on n'a pas la force de se taire),
Qu'enfin j'ai pénétré cet horrible mystère.

CHARLE.

C'est la nièce !

Mad. EVRARD.

Ah, l'instinct ne sauroit nous trahir !
Vous voyez si j'avois sujet de la haïr !
Quand je touche au moment d'être ici la maitresse,
Quand je vais épouser, il faut qu'elle paroisse !...
Car j'aurai fait en vain jouer mille ressorts :
Si Laure reste ici, mon ami, moi j'en sors.

CHARLE.

Eh, mais....!

Mad. EVRARD.

Vous-même aussi ; nous sortons l'un et l'autre.

CHARLE.

Vous croyez ?

Mad. EVRARD.

Oui, ma chûte entrainera la vôtre.
La protectrice à bas, adieu le protégé.

CHARLE.

Je voudrois bien pourtant n'avoir pas mon congé.

Mad. EVRARD.

Il n'en est qu'un moyen. Arrangeons-nous de sorte,
Qu'au lieu de nous, mon cher, ce soit elle qui sorte.

CHARLE.

Elle qui sorte !

Mad. EVRARD.

Eh, oui !

CHARLE.

Mais vous n'y pensez pas !

Mad. EVRARD.

C'est l'unique moyen de sortir d'embarras.

Il faudra soutenir qu'elle n'est pas la nièce,
Et même le prouver.

CHARLE.

Ah, dieu! quelle hardiesse!...
Mais quels sont pour cela vos moyens?

Mad. EVRARD.

Tout est prêt.
Armand va nous servir....

CHARLE.

Eh, comment, s'il vous plaît?

Mad. EVRARD.

Armand va, de Colmar, écrire que sa femme
Est là-bas près de lui.

CHARLE.

Qu'entends-je! Ah ciel, Madame!...
Contrefaire une lettre!

Mad. EVRARD.

Oh, que non pas! D'abord,
Ce faux seroit, je pense, un trait un peu trop fort;
Ce seroit une vaine et grossière imposture;
Car Monsieur, du neveu, connoît bien l'écriture:
Mais, comme vous savez, j'ai des lettres d'Armand,
Et j'en montre une.

CHARLE.

Bon!

Mad. EVRARD.

Oui: Julien à l'instant
Va l'apporter.

CHARLE.

Eh mais, la date?...

Mad. EVRARD.

Je la change.
Ambroise, en paroissant venir de chez la Grange,
Va, par un faux récit, porter les premiers coups.
J'affecterai d'abord l'air incrédule et doux;
Mais j'appuie en effet, et je montre la lettre:
La nièce partira, j'ose bien le promettre.

CHARLE.

Soit. Mais à des papiers, car elle en peut avoir,
Que repliquerez-vous, je voudrois le savoir?

Mad. EVRARD.

Il ne la verra point.

CHARLE.

En êtes-vous bien sûre?

Mad. EVRARD.

Oui, si vous nous aidez. Sachez, je vous conjure,
La retenir là-bas, tandis qu'Ambroise et moi
Nous nous chargeons ici de Monsieur.

CHARLE.

Bien, ma foi!
Madame, j'aurai soin de ne pas quitter Laure.

Mad. EVRARD.

Voici Monsieur. Je dois dissimuler encore.
Allez.

CHARLE, *à part.*

Je vais.... parer à ce coup imprévu.

(*Il sort.*)

SCENE IV.

Mad. EVRARD, M. DUBRIAGE.

Mad. EVRARD.

(*à part.*) (*haut.*)
Ne désespérons pas... Vous semblez bien ému.

M. DUBRIAGE.

Mais mon émotion est assez naturelle.

Mad. EVRARD.

Très-naturelle, oh, oui !... Madame, où donc est-elle ?

M. DUBRIAGE.

Dans ma chambre ; elle écrit. Elle est bien, entre nous,
Très-bien.

Mad. EVRARD.

Pour en juger, je m'en rapporte à vous.

M. DUBRIAGE.

Mais vous aviez bien pris le change sur son compte,
Convenez-en.

Mad. EVRARD.

D'accord ; oui, vraiment : j'en ai honte
Pour ceux qui m'ont trompée. On se prévient d'abord
Pour ou contre les gens, et souvent on a tort....

M. DUBRIAGE.

Si sur Armand lui-même, et pendant son absence,
Nous étions abusés ?

Mad. EVRARD.

Ah, quelle différence !

Nous ne sommes que trop instruits de ses excès.
Eh, n'avons-nous pas vu ses lettres !

M. DUBRIAGE.

Je le sais...
Des torts d'Armand, au reste, elle n'est pas coupable,
La pauvre enfant !

Mad. EVRARD.

Oh, non ! Vous êtes équitable,
Et ne confondez point le bon et le méchant.

M. DUBRIAGE.

Elle est bonne, en effet ; elle a l'air si touchant !

Mad. EVRARD.

Oui, qui prévient pour elle ; il faut que j'en convienne :
Et d'ailleurs il suffit qu'elle vous appartienne,
Pour m'être chère, à moi.

M. DUBRIAGE.

Voilà bien votre cœur !

Mad. EVRARD.

Hélas ! je ne veux, moi, rien que votre bonheur.

M. DUBRIAGE.

Chère madame Evrard... Mais j'apperçois Ambroise :
Que veut-il ?

Mad. EVRARD, *assise.*

Nous chercher encore quelque noise !

SCÈNE V.

2 1 3
M. DUBRIAGE, Mad. EVRARD, AMBROISE.

M. DUBRIAGE.

Qu'avez-vous, Ambroise?

AMBROISE.

Ah, j'étouffe de courroux!
On m'a trompé.... Que dis-je, on nous a trompés tous!
Cette Laure, qu'ici l'on me fait introduire....

Mad. EVRARD.

Eh, mon dieu, nous savons ce que vous voulez dire!

AMBROISE.

Vous sauriez déjà....!

Mad. EVRARD.

Tout; et ce n'est pas, je croi,
De quoi tant se fâcher, Ambroise.

AMBROISE.

Pas de quoi!
Comment, lorsque j'apprends....!

Mad. EVRARD.

Oui, que madame Laure
Est nièce de Monsieur....

AMBROISE.

Vous vous trompez encore;
Elle n'est point sa nièce.

M. DUBRIAGE.

Elle n'est pas...?

AMBROISE.

Eh, non !

Je sors de chez la Grange ; il m'a tout dit.

Mad. EVRARD.

Quoi donc ?

AMBROISE.

Il m'a dit que d'Armand Laure n'est point la femme,
Mais une aventurière.

Mad. EVRARD.

Allons !

AMBROISE.

Paix donc, Madame !

Mad. EVRARD.

Mais comment écouter des contes !

AMBROISE.

Un moment.

Elle est bien de Colmar ; elle connoît Armand.
Sans peine, elle aura su qu'à Paris ce jeune homme
Avoit un oncle riche ; elle entend qu'on le nomme :
Elle écoute, s'informe, et recueille avec soin
Tous les renseignemens dont elle aura besoin :
Elle part ; de Paris elle fait le voyage,
Et s'offre comme nièce à monsieur Dubriage.

M. DUBRIAGE.

O Ciel, qu'entends-je ! eh mais... !

Mad. EVRARD.

Il se pourroit, Monsieur.. ?

M. DUBRIAGE.

Non, Ambroise se trompe, et l'air seul de candeur...

AMBROISE.

De candeur ! c'est encore ce que m'a dit la Grange....
Elle connoit son monde, et là-dessus s'arrange.
Elle sait que Monsieur est un homme de bien,
Un sage ; elle a dès-lors composé son maintien,
Et vient jouer ici la vertu, l'innocence.

Mad. EVRARD.

Quoi, ce seroit un jeu que cet air de décence !
Il est vrai que d'Armand elle parle fort peu.

M. DUBRIAGE.

J'ai défendu qu'on dît un seul mot du neveu.

AMBROISE.

Si c'étoit son époux, vous obéiroit-elle ?

Mad. EVRARD.

A semblable promesse on n'est pas très-fidelle.
Où donc est ce neveu ?

AMBROISE.

Preuve encore que cela :
Si Laure étoit sa femme, il seroit bientôt là.

Mad. EVRARD.

En effet, il devroit....

M. DUBRIAGE.

Il n'oseroit, Madame.

AMBROISE.

Il eût osé déjà, si Laure étoit sa femme.

M. DUBRIAGE.

Mais quel fut son espoir ? car pour moi je m'y perd....
Ce secret, tôt ou tard, se seroit découvert.

AMBROISE.

Elle eût, en attendant, su vous tirer peut-être,
Quelques louis, et puis un beau jour disparoître.

Mad. EVRARD.

Ce ne sont encor là que des présomptions;

M. DUBRIAGE.

C'est un point qu'il est bon que nous éclaircissions:
Il faudroit....

AMBROISE.

La chasser.

Mad. EVRARD.

Oh, non! il faut attendre:
On ne condamne point les gens sans les entendre:
(*à Monsieur Dubriage.*)
N'est-il pas vrai, Monsieur?

M. DUBRIAGE.

Sans doute... Appellons-la:
Nous allons voir du moins ce qu'elle répondra.

Mad. EVRARD.

Fort bien! J'entends quelqu'un... Que viens-tu me remettre,
Petit Julien?

JULIEN.

Eh mais, c'est une lettre!

Mad. EVRARD.

Donne... Ah, ah, je vois le timbre de Colmar!

M. DUBRIAGE.

De Colmar, dites-vous!.. Seroit-ce par hazard
Une lettre d'Armand?... Enfin il s'en avise...!
Eh, que peut-il m'écrire?

Mad. EVRARD.

Encor quelque sottise !...
A votre place, moi, je ne la lirois pas.

M. DUBRIAGE.

Cette lettre pourra me tirer d'embarras.
Lisez.

Mad. EVRARD.

Lisez vous-même.

M. DUBRIAGE *lit.*

Ah ! j'ai peine à comprendre !..

Mad. EVRARD.

Quoi ?

M. DUBRIAGE.

Cette lettre va vous-même vous surprendre.
Tenez, vous allez voir : écoutez un moment.

(*lisant.*)

«Mon cher oncle,» Ah! cher oncle! il est bien tems vraiment!
« Pour la vingtième fois j'ose encor vous écrire »...

(*s'interrompant.*)

Madame, que dit-il pour la vingtième fois !...
Vingt lettres !..

Mad. EVRARD

Je ne sais : je n'en ai vu que trois...
Mais quoi, voulez-vous bien continuer de lire ?

M. DUBRIAGE *continuant de lire.*

» En ce moment, Laure est à mes côtés ;
» Elle veut que j'implore encore vos bontés.
» Aisément, je l'avoue, elle me persuade...
» Trop chère épouse !.. Elle est un peu malade.
» Mais quoi, c'est le chagrin d'être ainsi loin de vous !

» Quand

» Quand pourrons-nous tous deux embrasser vos genoux?
» Quels doux transports, hélas, seroient alors les nôtres» !

(*fermant la lettre.*)

Mais cette lettre-là n'est pas du ton des autres.

Mad. EVRARD.

Qu'importe! Je ne vois qu'une chose en ceci:
Si Laure est à Colmar, elle n'est pas ici.

AMBROISE.

Parbleu, je disois bien que ce n'étoit pas elle!
Vous voyez si j'ai fait un rapport infidelle!

M. DUBRIAGE.

Je ne le vois que trop. Je demeure frappé
Comme d'un coup de foudre... Elle m'auroit trompé!

Mad. EVRARD.

Rien ne paroît plus clair... Mais, ô ciel, quelle trame!

AMBROISE.

Affreuse! Allons, je vais renvoyer cette femme.

M. DUBRIAGE.

Non, non; je veux la voir, moi-même la chasser....

Mad. EVRARD.

Comment, vous!..

M. DUBRIAGE.

Oui, je veux lui faire confesser...

Mad. EVRARD.

Vous ne la verrez pas, Monsieur, c'est impossible;
Non, cela vous tueroit; vous êtes trop sensible:
Et j'ai moi-même ici peine à me contenir.
J'étois d'abord pour elle, il faut en convenir;
Mais cet horrible trait me révolte et m'indigne...

Et vous la verriez ! Non. Que cette fourbe insigne
Sans retour disparoisse. Ambroise, avant la nuit,
Faites-la déloger sans scandale et sans bruit.

AMBROISE.

A l'instant je m'en charge, et de la bonne sorte.

M. DUBRIAGE.

Ne la maltraitez pas.

Mad. EVRARD.

Il suffit qu'elle sorte.

AMBROISE.

Oui, Laure va sortir... tout-à-l'heure...

SCÈNE VI.

CHARLE, M. DUBRIAGE, Mad. EVRARD, AMBROISE.

CHARLE.

Arrêtez;
Ne renvoyons personne.

Mad. EVRARD.

Eh quoi donc !...

CHARLE.

Ecoutez...

(*à monsieur Dubriage.*)

De Madame je sais le fond de ce mystère :
Il faut que je me mêle un peu de cette affaire.

Mad. EVRARD.

Que veut dire ceci ? Charle est-il contre nous ?

CHARLE.

Si Charle avoit lui-même à se plaindre de vous!

Mad. EVRARD.

Ah, je vois ce que c'est! Laure est jeune et gentille;
Charle l'aime, et dès-lors il soutient cette fille.

AMBROISE.

Oui, sans doute; en deux mots, voilà tout le secret.

M. DUBRIAGE.

Non; Charle est honnête homme.

CHARLE.

(*à madame Evrard*).

Ah, je le suis. Au fait:
Répondez...

Mad. EVRARD.

De quel droit?...

CHARLE.

Voulez-vous bien permettre...
Vous dites donc qu'Armand vient d'écrire une lettre?

Mad. EVRARD.

Eh oui!

CHARLE.

J'en suis fâché pour vous, madame Evrard.
Mais cet Armand, qu'on fait écrire de Colmar,
Est ici chez son oncle; et c'est lui qui vous parle:
Je suis Armand.

Mad. EVRARD.

Ah, ciel!

AMBROISE.

Se peut-il!...

M. DUBRIAGE.

Eh quoi, Charle

Seroit !...

CHARLE.

Ils m'ont réduit à ce déguisement :
Mais sous le nom de Charle enfin je suis Armand.

AMBROISE.

Allons donc !

CHARLE.

Un seul mot va leur fermer la bouche.
J'ai servi, mon cher oncle ; et voici ma cartouche.
Par-là jugez du reste. Auprès de vous ainsi
Ils m'ont, pendant dix ans, calomnié, noirci.
Mais de mon père, hélas, cet extrait mortuaire,
(présentant successivement à monsieur Dubriage toutes les pièces qu'il annonce.)
Mon extrait de baptême et celui de ma mère,
Qui, mourant, de mon sort sur vous se reposa,
(montrant madame Evrard.)
Et dix lettres... que sai-je ?... Où cette femme osa
Me défendre d'écrire et sur-tout de paroître,
Tout parle en ma faveur, tout me fait reconnoître.
Tout vous dit que je suis Armand votre neveu,
Le fils de votre sœur, votre sang.

M. DUBRIAGE.

Juste Dieu,

Tu serois !...

SCÈNE VII.

3
GEORGE, CHARLE, M. DUBRIAGE,
Mad. EVRARD, AMBROISE.

GEORGE.

Armand, oui; croyez mon témoignage:
La vérité n'est qu'une, et n'a qu'un seul langage;
La vérité se peint dans mes simples discours...
(*voyant arriver Laure.*)
Ah, Madame, venez, venez à mon secours!
Armand est reconnu.

SCÈNE VIII.

2 5 6
LAURE, GEORGE, AMBROISE, CHARLE,
M. DUBRIAGE, Mad. EVRARD.

LAURE.

Monsieur, faites-lui grâce;
Qu'il reste auprès de vous, ou bien que l'on me chasse.

M. DUBRIAGE.

Non, non: tous vos discours, et je le sens trop bien,
Partent du fond du cœur, et vont jusques au mien.
Oui, je vous crois, amis; j'ai besoin de vous croire;
Et je perce à la fois plus d'une trame noire.
(*se tournant vers madame Evrard et Ambroise.*)
Vous sentez bien qu'ici vous ne pouvez rester.

Mad. EVRARD.

Je n'en ai pas envie.... Eh, qui peut m'arrêter?
J'ai voulu, j'en conviens, devenir votre épouse:
De les servir tous deux me croyez-vous jalouse?
Allez, au fond du cœur vous me regretterez,
Et peut-être avant peu vous me rappellerez:
Il n'en sera plus temps. Adieu.
(*Elle sort avec Ambroise.*)

SCÈNE IX.

M. DUBRIAGE, [2] CHARLE, [3] LAURE, [4] GEORGE.

GEORGE.

Les bons l'emportent:
C'est nous qui demeurons, et les voilà qui sortent.

M. DUBRIAGE.

Eh, voilà donc les gens que j'ai crus si long-temps!
Ce sont eux qui m'ont fait bannir pendant dix ans
Un neveu plein pour moi de respect, de tendresse.
(*à Armand.*)
Me pardonneras-tu cette longue détresse?

CHARLE.

Ah, ne rappellons plus tous mes chagrins passés:
Par cet instant de joie ils sont tous effacés.

M. DUBRIAGE.

Est-il vrai?

LAURE.

Je le sens. Qu'aisément tout s'oublie,
Quand avec son cher oncle on se reconcilie !

M. DUBRIAGE, à *Charle*.

De l'effort que j'ai fait je suis tout étonné.
Il faut que ta présence ici m'ait redonné
Un peu de l'énergie, oui, de ce caractère
Que j'avois autrefois : car, je ne puis le taire,
En m'isolant ainsi, je sens que j'ai perdu
Plus d'une jouissance et plus d'une vertu.
Trop juste châtiment ! Quiconque fut rebelle
Aux loix de la nature, en est puni par elle.

CHARLE.

Mais à propos, d'Arras cinq cousins sont venus.

M. DUBRIAGE.

Les Armands ? Eh, pourquoi ne les ai-je pas vus ?

CHARLE.

Madame Evrard les a congédiés sur l'heure.
Mais j'irai les chercher : ils m'ont dit leur demeure.
Mon oncle, vous ferez un sort à chacun d'eux,
N'est-ce pas ?

M. DUBRIAGE.

Surement, mon ami : trop heureux,
D'assister des parens restés dans la misère !
Ah, cela vaut bien mieux que ce que j'allois faire.
Me mariant si tard, comme tant d'autres font,
Pour réparer un tort, j'en avois un second.
Cela ne sied qu'à vous, jeunes gens que vous êtes !
C'est toi, mon cher Armand, qui vas payer mes dettes.

CHARLE.

Oui, mon oncle.

M. DUBRIAGE.

Plus d'oncle ; oui, je vous le défends :
Dites *mon père ;* moi, je dis bien mes enfans.

CHARLE.

Oui, mon père.

LAURE.

Mon père !

M. DUBRIAGE.

Allons donc ! Cette image
De la réalité console et dédommage.

LAURE & CHARLE.

Mon père !

GEORGE.

Cher parrein !

M. DUBRIAGE.

Douce et touchante erreur !
(*soupirant.*)
Si quelque chose manque encore à mon bonheur,
C'est ma faute : du moins mes regrets salutaires
Seront une leçon pour les Célibataires.

FIN DU CINQUIÈME ET DERNIER ACTE.

De l'imprimerie de CHAPELET, rue Saint-Jean-de Beauvais, n°. 36.

www.ingramcontent.com/pod-product-compliance
Lightning Source LLC
LaVergne TN
LVHW050536100826
845148LV00002B/582

9782012181656